홍차로 시작된
영국 왕실 도자기 이야기

ZUSETSU EIKOKU UTSUKUSHII TOUJIKI NO SEKAI
© CHATEA KOUCHA KYOUSHITSU 2020, All rights reserved.
Originally published in Japan in 2020 by KAWADE SHOBO SHINSHA Ltd Publishers.,
TOKYO,
Korean translation copyright © 2021 by KOREA TEASOMMELIER INSTITUTE
This Korean edition published by arrangement with KAWADE SHOBO SHINSHA Ltd.
Publishers.

- 이 책의 한국어판 저작권 및 판권은 KAWADE SHOBO SHINSHA Ltd. Publishers와
  독점 계약으로 한국 티소믈리에 연구원이 소유합니다.
- 저작권에 의해 한국 내에서 보호를 받는 저작물이므로 무단 전재와 복제를 금합니다.

홍차로 시작된
영국 왕실 도자기 이야기

Cha Tea 紅茶敎室 지음
정승호 감수

 한국티소믈리에연구원

Contents

프롤로그 1 10
        2 19

제1장 더비 지방에 뿌리를 내린 '로열 크라운 더비'

「로열 앙투아네트」 23
'로열'과 '크라운' 두 칭호의 유래는? 24
프랑스에서 유래한 도자기 업체, '더비' 29
기업 승계를 두고 소송에 휩싸인 '크라운 더비' 업체 34
기사회생의 운명을 건 승부수, '이마리' 35
계승되는 도자기 그림 기술 39
오페라의 세계를 표현한 작품, 「미카도」 41
엘리자베스 2세 여왕에게 헌상된 디너 도자기 세트 43
반복 연마 속에서 탄생하는 명품들 47

칼럼

'로열 크라운 더비' 업체의 연혁 22
공장과 자연의 이상적인 조화,
'정원식 공장(garden factory)' 38
초호화 유람선 '타이태닉호'와 함께 가라앉은 환상의 무늬 45

제2장 장인의 투지로 명맥을 이어 온 '로열 우스터'

애향심이 강하였던 어느 의학 박사　53
'세브르'에 대한 동경으로 탄생한, '블루 스케일'　55
토머스 플라이트의 인수와 체임벌린의 독립　59
국왕 부부의 내방으로 왕실 조달 업체의 영예를 안은
'로열 우스터' 업체　61
모기업 '로열 우스터'를 경쟁에서 누른 '체임벌린' 업체　67
체임벌린·우스터가 합병한, '우스터 로열 포슬린'　73
또 하나의 도자기 업체, '그레인저 앤 우드'　79
끊임없는 개성으로 발전해 온, '로열 우스터'　82
도자기 그룹 포트메리온에 합병된, '로열 우스터' 업체　86

칼럼

로열 우스터 업체의 연혁　52
영화 속에 등장하는 우스터 업체의 작품, 「로열 릴리」　66
백작에게 바친 '블라인드 얼(Blind Earl)'　74
애호가들이 후원하는 '로열 우스터 박물관'　88

제3장 자수성가의 모델이 된 도예가 '웨지우드'

『자조론』에 등재된 웨지우드 91
어려움 속에서도 잃지 않은 도예가의 꿈 91
이해심이 깊은 평생 반려자와의 만남 96
실용적이면서 아름다운 '크림웨어' 99
고대 이탈리아 문명 양식, '에트루리아'에 대한 동경 103
러시아로 건너간 영국의 '픽처레스크' 양식 111
장식용의 아름다운 도자기, '재스퍼웨어' 114
노예 해방에 앞장선 인권 기업, 웨지우드 118
오직 한길로 매진한 장인의 상징,「포틀랜드 항아리」! 121
웨지우드가에 계승되는 창업가의 정신 126

칼럼

웨지우드 업체의 연혁 90
카탈로그를 들고 여행하는 세일즈맨! 113
신고전주의를 불러일으킨 '폼페이 유적' 117
'과학자'로서의 조사이어 웨지우드 130

제4장 영국 도자기 산업의 토대를 다진 '스포드'

스토크 민스터 교회에 잠든 4인의 거장들　**135**
도자기 업체, '스포드'의 탄생　**137**
'동판 전사'와 '본차이나' 기술의 완성!　**138**
상류층에 다가간 '코플랜드 시대'의 차이나　**145**
20세기는 도자기 브랜드의 부활 시대?!　**152**

칼럼

스포드 업체의 연혁　**134**
『빨강머리 앤』의 「버터컵(buttercup)」 시리즈　**150**
스포드 기록보관소　**155**

제5장 빅토리아 여왕이 사랑한 '민턴'

동경의 대상이었던 '세브르 양식'의 도자기　159
민턴 부자 사이에 깊은 갈등을 낳은 고딕풍의 '상감 타일'　162
고딕 리바이벌의 총아, '허버트 민턴'!　167
이탈리아풍의 석회질 도자기, '마졸리카'　171
빅토리아 여왕의 온 마음을 사로잡은 '민턴 도자기'　173
거장 디자이너들의 눈부신 활약으로
세계 속으로 도약한 '민턴'　179
'민턴', 눈부신 위업을 남기고 사라지다!　185

칼럼

민턴 업체의 연혁　158
의회의사당의 바닥재, '민턴 타일'　177
의회의사당에서 즐기는 '애프터눈 티'　178
오스트리아 호프부르크 궁전 박물관에 소장된 콜먼의 작품들　184
기업가의 귀감이 된 콜린 민턴 캠벨　189

제6장 런던 시가지의 정화에 이바지한 업체 '로열 덜턴'

빅토리아 시대 런던 하수도의 위생 도자기 업체, '로열 덜턴' 193
여성 작가들로 예술성을 꽃피운 램버스 지역의 '로열 덜턴' 197
다시 스토크온트렌트로…… 204
200년 역사를 자랑하는 도자기 브랜드 업체, '로열 덜턴' 209

칼럼

로열 덜턴 업체의 연혁 193
해러즈 백화점에서 즐기는 '로열 덜턴' 업체의 타일 208
로열 덜턴 업체가 후원한 '로열 덜턴 밴드' 211
소설 『메리 포핀스』 속의 로열 덜턴 도자기 214

부록 1 영국 도자기 업체 에피소드

'리지웨이'와 '콜던' 218
슈롭셔주의 '카플리'와 '콜포트' 220
롱턴 지방의 '아인슬리 차이나' 225
조지 4세에 의해 도약한 '대번포트' 228
경질 도자기를 고집한 '뉴홀' 230

부록 2 영국 도자기 업체 연표 233

도자기 기본 용어 해설 258

프롤로그 1

영국 도자기란?

'영국 도자기'라고 들었을 때 여러분은 어떤 이미지를 떠올릴까? '웨지우드(Wedgwood)', '로열 덜턴(Royal Doulton)', '민턴(Minton)' 등 도자기 업체들의 이름을 떠올리는 사람이 많을까? 우아한 애프터눈 티(afternoon tea)를 연상하는 사람, 백화점에 진열되는 고급 제품이라는 이미지를 떠올리는 사람, 박물관에서 감상하는 전시품으로 생각하는 사람 등등 여러분이 상상하는 영국 도자기는 일상보다는 약간의 '비일상'을 느낄지도 모른다. 그러나 실제로 영국 도자기는 우리가 일상에서 누구나 쉽게 즐길 수 있는 것이다. 왜 그럴까?

고급 도자기를 만든 유럽 대륙의 도자기 업체들은 그 역사의 대부분이 '왕립'이라는 형태로 발전하였다. 독일의 '마이센(Meissen)', 프랑스의 '세브르(Sévres)' 등의 대표적인 브랜드 업체들은 오늘날까지도 전통적인 방법을 계승하여 모든 문양을 수작업으로 그린 작품들이 많다. 따라서 가격이 워낙 고가여서 여러분의 상상대로 손쉽게 구입할 수 있는 물건이 아니다.

그에 비하여 영국 도자기는 역사적으로 '민간' 주도로 발전하였기 때문에 고객의 대상이 인구의 다수를 차지하는 중산층과 노동자 계층인 경우가 많다. 상류 계층을 위하여 생산된 고급 도자기에서 발달된 장식 기술을 바탕으로 일반인들을 위하여 생산된 도자기에서는 아름다움뿐만 아니라 가격이나 실용성도 매우 중요시되었다. 이에 따라 '장식적인 아름다움'과 '실용적인 아름다움'이라는 양면을 동시에 갖추면서 만들어진 것이 바로 '영국 도자기'만의 가장 큰 특징이다.

그리고 영국에서 도자기를 생산하는 업체들은 테이블웨어뿐만 아니라 실내장식, 건축 자재(타일이나 벽돌 등) 등에 이르기까지 그 생산 범위를 넓혀 나갔다. 영국 의회의사당으로 사용되고 있고, 또한 빅벤(Big Ben)의 종이 있는 것으로 유명한 웨스트민스터 궁전은 바닥이 민턴의 도자기 타일로 깔려 있다는 점, 세계적으로 유명한 해러즈(Harrods) 백화점의 식품 홀 벽면이 로열 덜턴의 타일로 장식되어 있다는 점, 심지어는 영국의 상하수도를 정비하는 데에도 이러한 도자기 업체들의 활약이 있었다는 사실을 접하면 사람들은 의외로 놀라는 반응이다. 물론 나 자신도 로열 덜턴의 욕조와 정수기를 처음 접하였을 때 무척이나 놀랐다.

또한 오랜 역사 속에서 영국 도자기 업체의 경영자들은 작품을 제작하는 데 힘써 왔을 뿐만 아니라 수에즈 운하를 유치하는 활동이나 노예를 해방시키는 운동에도 많은 공헌을 하였다. 런던의 공해 문제를 해결하기 위한 제품 개발, 여성의 사회적인 진출과 경제적인 자립을 지원하는 등 다양한 사회적인 문제에도 적극적으로 동참하였다. 그 공적으로 빅토리아 여왕(Queen Victoria, 1819~1907)으로부터 작위를 받은 사람도 있었다.

시대의 유행을 탄생시키는 국왕들의 기호, 도예가들의 도자기 제작에 대한 끊임없는 노력, 그리고 그것을 구입하는 수많은 사람들. 영국 도자기에 숨겨진 이야기들은 무궁무진하다. 이 책에서 이야기하는 것은 '영국 도자기'로 풀어보는 또 다른 '영국 역사'이다. 맛있는 티나 커피와 함께 영국 도자기의 세계로 멋진 여행을 떠나 보자.

국왕 폐하가 즐겨 찾는 '로열 워런트 홀더'

영국에 도자기 산업이 태동하기 시작한 것은 18세기 중반의 일이다. 17세기 후반부터 영국에서 티를 즐겨 마시는 문화가 일반 가정에까지 퍼져 나가 사람들의 테이블웨어에 대한 흥미와 관심은 급속히 높아졌다.

이러한 시대적인 배경 속에서 동양에서 수입되는 신비한 티(Tea)와 아름다운 도자기와 함께 왕족이나 귀족의 저택에서 시작된 티(홍차)의 접대 문화는 사람들의 미의식을 높여 나갔다.

1709년 유럽 대륙에서는 작센 선제후(選帝侯)(황제 선거의 자격을 갖춘 제후)이자 폴란드의 국왕이었던 아우구스트 2세(August Ⅱ, 1670~1733)가 중국에서 유래한 제조법으로 도자기를 소성하는 데 성공하였고, 프랑스에서도 1738년 왕립 도자기 업체인 세브르의 전신이 창립되는 등 유럽 대륙에서 이미 도자기는 중국에서 전량 수입되는 제품이 아니라 이제 자국에서도 생산할 수 있는 제품이 되어 가고 있었다.

영국은 17세기 전반에 청교도 혁명을 겪은 뒤로 정치 체제가 절대 왕정제에서 입헌 군주제로 이행되었다. 따라서 국왕이 '왕립' 도자기 업체를 더 이상 소유하지 않고, '민영' 도자기 업체에서 왕실로 납품하는 형태로 자국의 민간 산업에 지원을 시작하였다.

영국에서는 왕실 조달 허가증인 '로열 워런트(Royal Warrant)'를 지닌 업체와 개인은 '로열 워런트 홀더(Royal Warrant Holder)'라고 하는데, 도자기 업체로서는 웨지우드, 로열 우스터(Royal Worcester), 로열 크라운 더비(Royal Crown Derby) 등이 대표적이다.

로열 워런트를 수여할 자격이 있는 왕족을 '그랜터(granter)'라고 한다. 현재 그랜터는 엘리자베스 2세(1926~) 여왕, 찰스 왕세자(1948~)의 두 명이다(편집자 주 : 여왕의 부군이자 에든버러 공작인 필립 마운트배튼(Philip Mountbatten, 1922~2021)도 그랜터였지만 얼마 전 서거하였다).

로열 워런트에 관한 사무 절차, 공인 심사 등의 제반 업무는 '로열워런트홀더즈협회(Royal Warrent Holders Association)'가 1840년에 설립되어 오늘날까지 관장하고 있다. 이 로열 워런트를 받기 위해서는 먼저 왕실의 추천을 받아 최저 5년간 일정량의 제품을 왕실에 조달해야만 가능하다. 로열 워런트 홀더로 공인을 받으면 제품이나 광고, 건물 등에 영국 왕가의 문장을 표시하는 것도 허용된다.

  로열 워런트는 영구적인 것이 아니라 매 5년마다 재심사를 받고 연장된다. 제품의 품질이 기준에 미치지 못하거나, 제품을 더 이상 조달할 수 없거나, 왕실의 주문이 줄어들거나 끊기거나, 로열 워런트 홀더의 대표나 개인이 사망 또는 도산하거나 하면 허가가 취소될 수도 있다.

  또한 왕실 구성원이 로열 워런트 홀더로부터 구체적으로 어떤 물품을 구입하였는지를 발설하는 것도 당연히 허용되지 않는다. 만약 이를 어

왕실 조달 업체임을 홍보하는
우스터 업체의 상징물.

왕세자의 문장이 들어간 접시.
왕실 조달 허가증인
로열 워런트를 받아야
이러한 문장이 들어간 작품들을
제작할 수 있다.

기고 발설한 경우에도 허가가 취소될 수 있다고 한다. 이러한 엄격한 규칙이 준수되었기 때문에 제품의 품질이 유지되고, '로열 워런트'도 신뢰할 수 있는 제도로 각인되면서 수백 년 동안 계승된 것이다.

이러한 로열 워런트를 계속 유지하는 것은 도자기 업계에서도 마케팅 전략상 매우 중요한 일이다. 영국 왕가에서 좋아하였던 도자기 업체들과 그러한 업체의 제품들로 테이블을 장식한 기술 등을 통해 영국의 대표적인 도자기 업체의 역사를 잠시 살펴보자.

영국 도자기 산업의 탄생 역사

영국 최초의 도자기 업체는 1743년경 런던 남동부의 최고급 주택지인 첼시(Chelsea) 지역에서 사업에 나선 '첼시 포슬린 매뉴팩토리(Chelsea porcelain manufactory)'(이하 첼시 업체)였다.

이 도자기 업체는 프랑스 출신의 금세공사인 찰스 구윈(Charles Gouyn, 1737~1785)과 벨기에 출신의 은세공사인 니컬러스 스프리먼트(Nicolas

첼시 업체의 접시.
초기 작품이어서
접시의 성형이 약간
불안정하다.

Sprimont, 1716~1771)의 두 사람이 공동으로 창립하였다.

첼시 업체에서는 프랑스에서 전해진 연질 자기(Soft-paste porcelain)가 처음으로 만들어지기 시작하였다. 프랑스 샹티이(Chantilly) 업체의 스타일을 도입해 만든 작품들은 동양의 도자기를 모방한 듯한 느낌을 주었다.

도자기 공장은 조지 2세 (George Ⅱ, 1683~1760)의 삼남이면서 컴벌랜드 공작인 윌리엄 오거스터스(William Augustus, 1721~1765)의 비서였던 에버라드 포크너 경(Sir Everard Fawkener, 1694~1758)으로부터 사업비 명목으로 거액의 지원을 받아 귀족층을 위한 최고급 제품을 생산하였지만, 1749년부터는 스프리먼트가 컴벌랜드 공작으로부터 후원을 직접 받으면서 독립적으로 경영하였다.

1750년에는 컴벌랜드 공작의 특별 주문형 디저트 서비스 제품과 공작의 흉상이 제작되었다. 당시 컴벌랜드 공작은 작센 주재의 영국 대사를 통해 마이센의 '폴란드왕·작센선제후 도자기공장(Koniglich-Polnische und Kurfurstlich-Sachsische Porzellan-Manufaktur)'(이하 마이센 업체)가 제작한 일본 가키에몬(柿右衛門) 양식의 작품을 구입하였는데, 그 작품을 첼시 업체에 대여해 주면서 모방하도록 지시하였다. 그때부터 첼시 업체는 마이센을 따라서 가키에몬 양식의 제품을 생산하기 위해 나섰다.

1752년부터는 식물 그림을 새긴 작품들도 생산하였고, 1756년부터는 프랑스의 '세브르 도자기공장(manufacture de porcelaine de Sevres)'(이하 세브르 업체)의 영향을 받아 짙은 남색 바탕에 화려한 로코코 양식의 작품들도 많이 생산하였다.

또한 갓 딴 완두콩의 어두운 황록색인 '피 그린(pea green)', 터키석의 아름다운 녹청색인 '터쿼이즈 블루(turquoise blue)', 짙은 적자색의 '라클레테(raclette)' 등 새로운 색상의 개발에도 여념이 없었다.

이러한 다채로운 색상의 자기는 실내장식용으로도 인기가 꽤 있었기 때문에 큰 화병이나 항아리, 그리고 인물상도 많이 만들어졌다. 또한 프랑스의 사탕 그릇인 봉본네르(Bonbonniére)나 향수병, 휴대용 장식 상자 등 귀족들의 일용품도 많이 제작되어 오늘날에도 많이 남아 있다.

그런데 1763년 스프리먼트가 병에 걸려 드러눕게 되면서 경영이 어려워지자, 첼시 업체는 매각을 피할 수 없었다. 매각 목록에는 기존의 작품뿐만 아니라 금형과 시설을 비롯하여 스프리먼트의 가재도구들도 포함되어 있었다.

1769년 8월 첼시 업체는 제임스 콕스(James Cox, 1723?~1800?)가 인수하였는데, 그는 첼시 업체를 계속 소유하지 않고 1770년에 다시 잉글랜드 중부의 더비셔주(Derbyshire)에서 '더비 포슬린 매뉴팩토리(Derby Porcelain Manufactory)'(이하 더비 업체)를 운영 중이던 윌리엄 듀스베리(William Duesbury, 1725~1786)에 모든 권리를 넘겼다. 그 뒤 첼시 업체의 도자기 공장은 1784년에 철거되었으며, 이때 각종 금형과 조각, 그리고 수많은 도예가들이 더비 업체로 이동하였다.

영국에서 도자기 업체로서는 두 번째로 창업된 '보 포슬린 팩토리(Bow porcelain factory)'(이하 보 업체)는 1744년 유리 제조업자 에드워

첼시 업체의 연두색이 예쁜 프랑스풍의 찻잔 세트. 손잡이는 그림이 그려진 정면의 반대쪽에 달려 있다.

드 헤이린(Edward Heylyn, 1695~1765)과 도자기 문양을 그리는 화가인 토머스 프라이(Thomas Frye, 1710~1762)가 런던 교외 보(Bow)에서 도자기 업체의 공장 설립에 관한 특허를 신청한 것이 그 시초이다.

1747년에 공장을 본격적으로 가동하면서 주로 가키에몬 양식의 제품과 용, 모란, 메추라기 등 시누아즈리(Chinoiserie)(중국풍) 양식의 제품들을 생산하였다. 공장의 이름도 '뉴 광동(New Guangdong)'이라 명명하였다.

그리고 영국의 동인도 회사가 수입하는 동양 도자기에 못지않은 작품을 제작하기 위하여 공장을 중국 광동성에 있는 영국 동인도 회사의 상관(商館)(외국인이 경영하는 대형 상점)과 똑같이 설계할 정도였다.

보 업체는 두 가지의 가장 중요한 발명을 최초로 이루면서 영국 도자기 업계에 큰 공로를 세웠다. 첫째는 1748년 '본차이나(bone china)' 소재의 개발이다. 토머스 프라이는 연질 자기의 원료 속에 소의 골회(뼛가루를 태운 뒤 남은 재)를 섞어 소성하면 매끄럽고 투명도가 높을 뿐만 아니라 독특한 광택으로 빛나는 유백색의 소재가 만들어진다는 사실을 발견한 것이다.

당시 보 업체의 인근에는 정육점이 많아서 동물의 뼈를 쉽게 구할 수 있었던 환경도 거기에 일조한 것으로 보인다. 그러나 실제로 본차이나 제품을 본격적으로 제작한 것은 1749년 이후의 일이다. 본차이나의 소재를 사용함으로써 겉면에 매끄러움이 더해지면서 문양이나 그림의 발색도 향상되었다.

두 번째는 1753년에 조각가인 존 브룩스(John Brooks, 1710?~1756)가 '동판 전사(transfer printing)'를 발명한 일이다. 보 업체는 1756년부터 이 기술을 적용해 양산하였는데, 중국의 염색 기법을 모방하여 남빛, 빨간색, 보라색, 암갈색 등 단색의 인쇄 작품을 제작하였다.

이로써 보 업체는 영국 최초로 동판 전사의 작품을 제작한 업체가 된 것이다. 이 전사 기술 덕분에 보 업체의 제품은 당시 경쟁업체였던 첼시 업체의 제품보다 비록 품질이 떨어졌지만, 구매력을 만회하여 중산층의 사람들도 비교적 저렴한 가격으로 살 수 있었다.

그러나 1760년 이후에 수많은 경쟁업체들이 등장하고 제품의 품질도 떨어지면서 보 업체는 경영 상태가 악화되어 결국 문을 닫을 수밖에 없었다. 보 업체는 식민지인 미국의 버지니아주에서 원료인 '자토(瓷土)'를 수입하고 있었던 상황인데, 당시 미국에 독립전쟁이 일어나면서 원료의 공급이 어려워진 것도 문을 닫게 된 한 요인이었다고 한다.

1778년 보 업체는 당시 첼시 업체를 합병한 더비 업체의 소유주인 듀스베리가 인수하면서 그 기술과 디자인도 고스란히 전승되었다. 이러한 흐름으로 시작된 영국 도자기의 산업은 그 뒤 어떤 눈부신 발전을 이루었을까?

보 업체의 동판 전사 접시 작품.

프롤로그 2

　서양에서 가장 뒤늦게 티 문화가 전파되었지만, 오늘날의 애프터눈 티와 함께 화려한 홍차 문화를 꽃피운 영국. 그러한 영국에서는 홍차 문화와 함께 도자기 문화도 크게 발달하였습니다.

　영국은 도자기의 원료인 고령토가 나지 않는 곳으로서, 서양에서도 중국 도자기 찻잔을 비롯하여 테이블웨어가 가장 뒤늦게 전파되었고, 또 독일의 마이센, 프랑스의 세브르 등에서 생산된 도자기를 모방하면서 출발하였지만, 점차 왕실의 후원을 받은 도자기 업체들이 '왕실 조달 업체(Royal Warrant Holder)'로 선정되어 세계적인 명품 도자기 업체들로 거듭 태어났던 것입니다.

　로열 크라운 더비(Royal Crown Derby), 로열 우스터(Royal Worcester), 웨지우드(Wedgwood), 스포드(Spode), 로열 덜턴(Royal Doulton) 등의 도자기 수집가 및 애호가들에게 매우 친숙한 명품 앤티크 도자기들은 그 각기 고유한 역사와 장인 정신의 전통을 고수하면서 서로 다른 개성을 띠고 발달하여 오늘날에도 그 인기를 더해 가고 있습니다.

　이러한 상황에서 한국티소믈리에연구원에서는 영국 명품 테이블웨어의 총 역사를 담은 『홍차로 시작된 영국 왕실 도자기 이야기』를 출간합니다.

　이 책은 '로열(Royal)', '크라운(Crown)', '여왕 폐하의 도자기(Queen's Ware)'라는 수식어나 칭호를 붙인 권위와 전통을 자랑하는 '왕실 조달 업체'들과 그 창립자와 후세대에 걸친 장인 정신의 투혼이 발휘된 대표작들인 '영국 왕실 도자기'에 관한 이야기를 담고 있습니다.

　또한 각 왕실 조달 업체들이 각 시대를 풍미한 디자인의 양식들로 제작한 다양한 도자기 명작들을 화려한 사진과 함께 큐레이터와도 같은 해설을 통해 상세히 소개하고 있어 마치 박물관에 온 듯 생생한 감상을 전달해 줍니다.

로열 크라운 더비의 대표작인 「이마리」와 「미카도」, 왕실 진상품 「디너 서비스」, 로열 우스터의 세브르 양식에서 발전시킨 「블루 스케일」의 작품, '영국 도자기의 아버지'라 불리는 웨지우드의 실용적이면서도 아름다운 「크림웨어」와 장식용 도자기의 걸작 「재스퍼웨어」와 고대 로마의 복고풍을 알리는 「포틀랜드 항아리」의 작품들은 시간과 공간을 뛰어넘어 보는 이들에게 그 화려함과 기교로 감탄과 놀라움을 선사해 줍니다.

또한 영국 도자기 산업의 기반을 닦은 업체인 스포드가 동판 전사술로 제작한 「블루 앤 화이트」와 본차이나의 최고봉인 「파인 본차이나」의 명작들을 감상하고, 민턴 업체의 부자 간의 애증이 담긴 고딕 리바이벌의 「상감 타일」과 부활된 「마졸리카」 도자기, 그리고 로열 덜턴이 런던의 하수도 배관 위생자기 업체로 시작하여 당대 최고의 예술품을 만들기까지 영국 왕실 도자기의 숨은 이야기들은 그야말로 영국 최고 도예가들의 일생이기도 하여, 큰 흥미로움과 함께 그 잔잔한 인문 정신도 함께 추체험해 볼 수도 있습니다.

이 책은 영국 앤티크 도자기에 큰 관심을 이미 갖고 있거나, 또는 영국 도자기의 세계에 처음 발을 내디디려는 사람들에게 영국 도자기의 역사와 각 브랜드에 얽힌 올바른 지식을 전달하여 훌륭한 길잡이서가 될 것으로 기대됩니다.

정승호 박사
사단법인 한국티협회 회장
한국티소믈리에연구원 원장

제 1 장

더비 지방에 뿌리를 내린 '로열 크라운 더비,

로열 크라운 더비 업체의 연혁

회사명	로열 크라운 더비 (Royal Crown Derby Porcelain Company)
로고	ROYAL CROWN DERBY MADE IN ENGLAND
창립 연도	1750년
창립자	앙드레 플랑쉬
주요 도예가	윌리엄 듀스베리, 윌리엄 빌링슬리, 에드워드 위저드, 윌리엄 페그, 재커라이어 보어먼, 존 브루어, 제임스 라우즈 시니어, 데지레 르로이, 앨버트 그레고리.
대표 작품	〈로열 앙투아네트〉, 〈글래드스턴 서비스〉, 〈프린스 오브 웨일스 디저트 서비스〉, 〈블루 앤 화이트〉, 〈미카도〉, 〈로열 핑스턴 로즈〉, 〈페이퍼웨이트 피겨〉, 〈이마리〉
로열 워런트 인증 연도	1775년 인증 (국왕 조지 3세) : '크라운' 호칭 사용 허가 획득 1890년 (빅토리아 여왕) 1978년 인증 (엘리자베스 2세 여왕) : '로열' 칭호 사용
변천사	첼시(1770년), 보(1778년) 업체를 인수 및 합병, 현재 스틸라이트 인터내셔널(Steelite International)에 인수

「로열 앙투아네트」

도자기 업체 로열 크라운 더비 포슬린 컴퍼니(Royal Crown Derby Porcelain Company)(이하 로열 크라운 더비 업체)의 작품을 처음 본 것은 백화점의 서양 테이블웨어 매장에서였다. 당시 고객의 투표로 뽑은 '찻잔 10선'이라는 행사에서 당당히 1위로 빛난 것은 로열 크라운 더비가 테이블웨어에 장미 문양을 수놓은 「로열 앙투아네트(Royal Antoinette)」라는 작품이었다.

이 「로열 앙투아네트」는 유심히 살펴보면 작은 장미 외에 별이 그려져 있다. 장미와 별, 다소 서로 다른 느낌의 조합이다. 그러나 그 별이 있기에 로코코 양식의 정통적인 작품이 약간 대중적이면서 너무 무겁지 않은 경쾌한 분위기를 연출하는 것이다.

「로열 앙투아네트」는 세계 여러 나라에서 화제가 된 영국의 인기 드라마 「다운턴 애비(Downton Abbey)」(2010년~2015년 방영)의 극중

제2차 세계대전 이후의 「로열 앙투아네트」 작품에서는 그림을 수작업으로 그린 것과 동판 전사로 그린 것 모두 제작되었다.

에서 중산층 가정의 애프터눈 티용 테이블웨어로 등장해 큰 주목을 받았다.

이 작품은 18세기 후반, 로코코 양식의 문양을 잘 그린 도예 화가 윌리엄 빌링슬리(William Billingsley, 1758~1828)가 남긴 스케치를 바탕으로 1959년에 제작 및 발표되었다. 그 문양이 마리 앙투아네트(Marie Antoinette, 1755~1793) 시대에 크게 유행한 양식인 것을 알고 나면 「로열 앙투아네트」에 대한 사람들의 사랑도 쉽게 이해될 것이다.

당시 프랑스에서는 귀부인의 살롱용으로 꽃과 곡선의 문양을 많이 넣은 로코코 양식의 테이블웨어들이 큰 인기를 끌고 있었다. 이러한 문양의 테이블웨어들은 영국에서도 빅토리아 왕조 시대 이후에 여성들을 중심으로 즐기는 사교장의 애프터눈 티에서 매우 오랫동안 깊은 사랑을 받았다. 특히 작고 섬세한 꽃문양의 테이블웨어들은 중산층 가정의 소박한 장식품으로도 인기가 높았다.

'로열'과 '크라운' 두 칭호의 유래는?

그런 사랑스러운 작품들을 매우 다양하게 만들었던 로열 크라운 더비 업체. 공식 발표에 의하면, 이 업체는 1750년에 창업한 것으로 소개되지만 전문가들 사이에서는 그 창업 연도에 의문을 품은 이들도 많다. 이는 이 도자기 업체의 매우 복잡한 역사로 인한 것이다.

오늘날에 알려진 로열 크라운 더비 업체는 1750년 잉글랜드 중부 더비셔주의 행정 중심지이면서 공업 도시인 더비 노팅엄 로드(Derby Nottingham Road)에서 창업한 더비 업체(당시는 도자기 공장 수준)에서 시작되었다.

더비 업체는 1775년에 국왕 조지 3세(George III, 1738~1820)로부터 왕실 조달 허가 업체, 즉 '로열 워런트 홀더(Royal Warrant Holder)'로 지정되어 도자기 밑면에 왕관(Crown) 마크의 백스탬프를 사용할 수 있도록 허가를 받은 유명 업체로 당시 '크라운 더비(Crown Derby)'라는 브랜드명을 사용하였다.

그런데 공장장인 로버트 블로어(Robert Bloor, ?~1846)가 세상을 떠나고 경영 상태가 악화되면서 더비 업체는 1848년에 급기야 문을 닫고 말았다. 그러자 당시 근무하던 도예공 여러 명이 공장에서 책임자였던 윌리엄 로커(William Locker ?~1859)와 함께 걸어서 몇 발짝 거리에 있는 킹스트리트(King Street)에 새롭게 공장을 열고 '블로어를 이은 로커와 그 친구들'로 활동을 시작하였다.

이에 대해서는 갑작스러운 실직으로 인해 다른 일자리를 빨리 구하기도 어렵거니와 회사는 비록 문을 닫았지만 고객의 수요는 여전히 있을 것이라는 신념을 가지고 활동을 재개하였는지도 모른다.

여기서 흥미로운 것은 킹스트리트 공장(The King Street Factory)에서는 문을 닫은 기존 더비 업체의 금형(또는 주형), 문양, 크라운 마크의 백스탬프를 그대로 계속 사용하였다는 점이다. 영국에서 상표권에 관한 세부 규칙이 적용된 시기는 1860년대 이후였기 때문에 법률상으로 큰 문제가 되지는 않았던 것 같다.

또한 이 시대에는 사람들이 테이블웨어를 구하는 방식이 공장에 직접 원하는 대로 주문해 구입하는 방식이었기 때문에 제품의 품질만 좋다면 업체의 이름에는 크게 구애를 받지 않는 분위기였다. 이러한 시대적인 배경으로 세 번째 더비 업체가 탄생하기에 이른다.

1877년, 블로어가 세상을 떠난 뒤 방치되어 있던 더비 업체의 공식적인 권리를 오늘날 '로열 크라운 더비'로 알려진 업체의 초창기 경영진들이 인수하였다. 오스매스턴 로드(Osmaston Road)에 세워진 최신 설비의 공장에서는 킹스트리트 공장에서와 마찬가지로 옛 더비 업체의 작풍을 이어받은 제품들이 계속 생산되어 사람들로부터 큰 눈길을 끌었다.

그리고 1890년에는 빅토리아 여왕으로부터 '왕실 조달 허가'를 뜻하는 '로열(Royal)'이라는 칭호를 받았다. 기존에 이어받은 업체명인 '크라운 더비'에 '로열'이 더해지면서 '로열 크라운 더비'라는 세 번째의 더비 업체가 탄생한 것이다.

왕실 조달 허가 업체라는 영예를 안은 로열 크라운 더비 업체는 상류층을 대상으로 삼은 작품들을 주로 생산하였다. 금장(金裝)과 투각(透刻)을 적극적으로 도입해 채산성이 맞지 않는 작품들도 많이 제작하였다. '에그 셸(egg shell)'이라는 얇지만 딱딱하고 잘 깨지지 않는 소재도 완성해 나갔다.

그로 인해 킹스트리트 공장의 '블로어를 이은 로커와 그 친구들'의 입지는 갈수록 좁아졌지만, 그들도 작은 규모로 여전히 활동을 계속하고 있었다. 총책임자가 여러 차례 교체되었지만, 그 기술만큼은 변함없이 계승되고 있었다. 그리고 눈엣가시 같은 존재로 생각될 법한 오스매스턴 로드의 로열 크라운 더비 업체와도 실은 좋은 관계를 유지한 것으로 전해진다.

그런 두 업체의 합작품이라 할 수 있는 것이 영국 자유당(Liberal Party) 소속 총리인 윌리엄 글래드스턴(William Ewart Gladstone, 1809~1898)의 정계 활동 50주년을 기념하여 제작한 디저트 서비스인 「글래드스턴 서비스(Gladstone Service)」이다.

이 도자기 서비스(그릇 세트)에는 하나하나 더비셔주의 다른 풍경과 꽃들이 수려하게 묘사되었다. 디자인이 워낙 세밀하고 까다로웠기 때문에 의뢰를 받은 로열 크라운 더비 업체에서는 숙련된 도예 화가들이 있었지만 되려 일손이 부족할 정도였다.

그리하여 킹스트리트 공장의 도예 화가들에게 도움의 손길을 요청하였는데, 당시 나이로 80세가 이미 넘은 도예 화가 제임스 라우즈 시니어

(James Rouse Senior, 1802~1888)가 킹스트리트 공장을 대표하여 「글래드스턴 서비스」의 문양 그리기에 직접 참가하였다고 전해진다.

그는 노팅엄 로드의 첫 더비 업체와 '블로어를 이은 로커와 그 친구들'의 킹스트리트 공장에서 모두 일한 경험이 있는 도예 화가로서 훗날 '킹스트리트 공장'과 '로열 크라운 더비 업체'의 합병에 중요한 가교 역할을 진행하였다고 한다.

이러한 업체들이 왕실에 제품을 조달할 수 있었던 배경에는 장인들의 우수한 기술들과 기업의 우수한 운영 방식에 대한 높은 평가가 있었기 때문일 것이다.

한편, 로열 크라운 더비 업체는 1935년 킹스트리트 공장을 합병하였다. 이 합병 시점을 근거로 볼 때 로열 크라운 더비 업체의 창립 연도를 1750년으로 소개하는 것은 엄밀하게 말해 맞지 않다는 시각도 있다.

그러나 로열 크라운 더비 업체의 미술관은 노팅엄 로드의 초기 더비 업체, 킹스트리트 공장, 오스매스턴 로드에서 창업한 로열 크라운 더비 업체의 모든 작품을 역사적인 순서에 따라 전시하고 있다. 이를 보면 로

「글래드스턴 서비스」. 이 테이블웨어로 즐기는 식탁은 얼마나 화려할까?

열 크라운 더비 업체의 기술과 디자인은 첫 더비 업체로부터 확실하게 더비시에서 계승되었다는 사실을 알 수 있다.

1990년대부터 영국의 많은 도자기 업체들이 아시아로 그 생산 거점을 옮기는 가운데에서도 로열 크라운 더비 업체는 오직 오스매스턴 로드의 공장에서 생산을 고수하였다.

이로부터 더비시에 뿌리를 내린 도자기 산업에 대한 고장 사람들의 애착과 자긍심이 1750년부터 오늘날까지도 계승되고 있다는 느낌을 사람들이 갖는 것은 어쩌면 당연한 일인지도 모른다. 다음으로는 초창기 더비 업체가 더비라는 도시에서 어떻게 창업하였고, 또 성장하였는지를 살펴보기로 한다.

로열 크라운 더비 업체의 미술관 1층, 2층의 두 전시실. 대체로 한산하여 찬찬히 작품들을 감상할 수 있다.

프랑스에서 유래한 도자기 업체, '더비'

18세기 후반 영국에는 개신교에 대한 탄압으로 프랑스에서 쫓겨난 위그노(Huguenot)(프랑스 칼뱅파 개신교도의 호칭) 교도의 프랑스계 사람들이 많이 살고 있었다. 도자기 업체 '더비(Derby)'를 처음으로 창립한 사람은 위그노 교도인 앙드레 플랑쉬(André Planche, 1727~1805)였다.

그는 생계를 위해 런던의 금세공 점포에서 약 7년 동안 수습생으로 보낸 뒤 더비셔주의 더비 지역으로 이주하였다. 더비셔주에는 데번셔(Devonshire) 공작가의 컨트리하우스인 '채츠워스(Chatsworth)'를 비롯해 '선베리 홀(Sudbury Hall)', '케들스톤 홀(Kedleston Hall)' 등 내로라하는 귀족들의 저택들이 즐비하여 고급 도자기의 수요도 많을 것으로 기대되었기 때문이다.

1750년에 플랑쉬는 노팅엄 로드에 작은 도자기 공장을 열고 프랑스 유래의 연질 자기로 작은 동물이나 인물의 피겨들을 제작하고 있었다. 그러한 플랑쉬의 공장에 어느 날 대도시 런던에서 도예 화가로서 이미 활약하던 전문가인 윌리엄 듀스베리(William Duesbury, 1725~1786)가 들어간 것이다.

그는 런던에서 첼시 업체와 보 업체

더비 업체 초기의 피겨 작품. 테이블에 화려함을 더해 주는 도자기 제품이다.

간에 가격 경쟁이 서서히 가열되는 상황을 직접 목격한 뒤, 자신의 예술적인 문양이나 디자인이 앞으로 산업화의 과정에서 간소화되거나 대량으로 상업화될 것을 우려하여 상류층의 수요가 많은 더비 지역으로 이주해 온 것이었다.

장인의 예술적인 기질이 강하였던 두 사람은 공장을 크게 일으키겠다는 공동의 목표를 세웠다. 여기에 1756년 더비 지역의 은행가인 존 히스(John Heath, ?~?)가 가세하면서 안정된 자금 사정을 바탕으로 공동 사업이 시작되었다. 이것이 오늘날 잘 알려진 '로열 크라운 더비 업체'의 본격적인 시초이다.

그런데 이 공동 사업은 단 1년 만에 해체되었다. 플랑쉬가 삼촌의 창업을 돕기 위하여 런던으로 떠나가면서 은행가인 히스가 이를 구실로 자금을 회수해 버렸기 때문이다. 결국 더비 업체에는 듀스베리만 홀로 남게 되었다.

그럼에도 불구하고, 듀스베리는 초심을 유지하면서 뜻을 관철하기 위하여 도자기 작품들을 계속하여 제작하였다. 1760년경까지는 플랑쉬가 주도한 장식용 항아리와 동물이나 인물의 피겨들이 작품의 대부분을 차지하였고, 테이블웨어는 아직 제작되지 않았다.

당시 더비 업체에서 생산한 작품들은 끓는 물에도 견딜 정도의 내열성을 아직 갖추지 못하였다. 이러한 문제를 극복하기 위하여 듀스베리는 동양의 도자기같이 백색의 투명성이 있는 흙을 연구하면서 동시에 보 업체가 고안한 본차이나의 소재를 도입하여 테이블웨어 시장에도 진출하였다. 그러나 독일 마이센의 '폴란드왕·작센선제후 도자기공장(Koniglich-Polnische und Kurfurstlich-Sachsische Porzellan-Manufaktur)'(이하 마이센 업체)의 디자인을 모방한 작품들이 다수를 차지하였기 때문에 '마이센의 아류'로 평가를 받았다.

듀스베리는 여기서 그치지 않고 돌파구를 찾기 위하여 1770년 첼시 업체를, 1778년에는 보 업체를 인수하였다. 당시 런던의 첼시 업체에서는 더비 업체에 합병된 뒤에도 도자기 작품들이 계속 제작되고 있었다.

이 시기의 테이블웨어 작품들에는 '첼시·더비'로 두 업체의 이름이 함께 새겨져 있다. 그 뒤 1784년에는 도예공들이 모두 더비 업체의 공장으로 옮겨 갔다.

1786년 듀스베리는 당시 나이 23세였던 아들 윌리엄 듀스베리 2세(William Duesbury II, 1763~1797)를 도자기 업체의 후계자로 삼았다. 부친을 빼닮아 사업가적인 재능과 예술적인 감식안을 지닌 듀스베리 2세는 부친이 세상을 떠난 뒤에도 도예공들을 잘 이끌어 가면서 도자기 업체를 성장시켰다.

꽃 그림을 잘 그리는 윌리엄 빌링슬리, 에드워드 위저즈(Edward Wizards, 1765~1805), 윌리엄 페그(William Pegg, 1775~1851)와 풍경화를 잘 그리는 재커라이어 보어먼(Zachariah Boreman, 1738~1810), 그리고 동물, 꽃, 풍경화에 모두 능한 존 브루어(John Brewer, 1764~1816) 등 탁월한 도예 화가들이 고용되어 그들의 작품은 세간에 높은 평가를 받았다.

위저드가 남긴 데생 본그림.
이러한 데생은 참으로 희귀하여 보기 어렵다.

빌링슬리가 그린 식물화의 접시.

1770년 도자기 업체 더비는 프랑스 업체 '세브르 도자기 공장(manufacture de porcelaine de Sevres)'(이하 세브르 업체)이 자랑하는 유약을 바르지 않고 굽는 피겨 제작에도 성공하고, 1773년에는 런던 베드퍼드 거리에 전시장도 열었다.

이 전시장이 상류 계층의 주목을 받으면서 1775년에 더비 업체는 조지 3세로부터 왕실 조달 허가증, 즉 로열 워런트를 받자, '크라운 더비' 업체로 개명하였다. 조지 3세의 아내인 소피아 샬럿(Sophia Charlotte, 1744~1818) 왕비도 이 전시장의 단골손님이었다고 한다.

1787년에는 소위 프린스 리젠트(the Prince Regent), 즉 '섭정 황태자'로 알려진 훗날의 조지 4세(George IV, 1762~1830)에게 도자기 세트인 「프린스 오브 웨일스 디저트 서비스(Prince of Wales Dessert Service)」를 헌상하였다(오른쪽 페이지 참조).

장미와 리본으로 로코코 양식을 상징하는 작품. 이러한 작품을 보고 있으면 여성들이 감탄하는 한숨이 들릴 듯하다.

「프린스 오브 웨일스 디저트 서비스」.
빌링슬리가 다양한 각도에서 그린 장미의 자태가 매우 아름다운 본그림 작품이다.

기업 승계를 두고 소송에 휩싸인 '크라운 더비' 업체

크라운 더비 업체는 아버지로부터 아들인 듀스베리 2세에게 승계되었지만, 1797년 듀스베리 2세는 34세의 젊은 나이에 병으로 쓰러져 요절하였다. 이때부터 크라운 더비 업체는 수난이 계속되었다.

당시 여성이 가업을 잇는 경우는 매우 드물었기 때문에 기업의 권리는 대부분 남편의 친척에 양도되는 일이 일반적이었다. 듀스베리 2세의 후손을 잇기도 전에 남편을 여읜 엘리자베스(Elizabeth)는 매우 어려운 처지에 놓였다.

그런 가운데 엘리자베스는 당시 모든 이들이 깜짝 놀랄 만한 행동에 나섰다. 그녀는 크라운 더비 업체의 직원이던 미니어처 세공 장인 마이클 킨(Michael Kean, ?~1823)과 재혼을 선언하고 주위 사람들을 놀라게 만든 것이다.

듀스베리 2세의 친척들과 엘리자베스 사이의 관계는 감정의 골이 더욱더 깊어지면서 양측은 기업의 승계 권리를 두고 재판에 돌입하였다. 이 소송이 장기전이 되면서 기업의 작업 환경은 더욱더 악화되었고, 급기야 기예가 출중한 도예가들이 크라운 더비 업체를 떠나기에 이르렀다. 마침내 1811년 재판에 패소하면서 엘리자베스와 킨의 부부도 크라운 더비 업체를 떠나게 되었다.

듀스베리 친척들의 희망에 따라 크라운 더비 업체는 오랫동안 사무직을 맡고 있던 로버트 블로어에게 승계되었다. 그는 기업 인수 자금을 충당하기 위해 창고의 재고품을 잇달아 판매하였지만 마침 '나폴레옹 전쟁'이 발발하면서 유럽 전체가 불경기에 시달리자 기업의 경영난은 쉽게 해소되지 않았다.

기사회생의 운명을 건 승부수, '이마리'

그런 가운데 블로어가 주목한 것이 섭정 황태자가 사랑한 '이마리 (Imari, 伊万里)' 양식이었다. 소박하였던 부왕 조지 3세와는 달리 섭정 황태자는 당시 유럽에서 유행하던 '낭만주의'의 신봉자로서 마음이 내키는 대로 행동하는 쾌락주의자, 낭비벽이 심한 사람으로 유명하였다.

중동, 인도, 중국, 일본 등 이국적인 문화에 강한 흥미와 관심을 지닌 섭정 황태자는 인도의 타지마할을 본떠 매우 호화롭게 건축한 저택인 '로열 파빌리온(Royal Pavillion)'의 실내를 모두 화려한 시누아즈리 양식의 작품들로 장식하였다. 그런 실내에서 사용하는 테이블웨어로서 당

노팅엄 로드, 킹스트리트, 오스매스턴 로드로 개성 넘치는 '이마리'의 디자인은 계승되어 나갔다.

시 큰 주목을 끈 것이 바로 이마리 양식의 도자기였던 것이다.

　원래 '이마리(Imari, 伊万里)'는 일본 규슈 북동부 사가현의 아리타(有田) 지역에서 제작된 도자기인 '아리타 도기(有田燒)'(또는 '이마리 도기'라고도 한다)를 해외로 실어 보내는 항구인 '이마리시(伊万里市)'의 이름이다. 당시 영국에서는 이마리만(伊万里湾)에서 실려 오는 '긴란데(金襴手)(금란수)' 디자인의 도자기를 총칭하여 '이마리(Imari)'라 불렸던 것이다.

　도자기 업체 크라운 더비에서도 1770년경부터 이마리 양식을 이미 모방하고 있었지만, 블로어는 이마리 양식이 앞으로 크게 유행할 것을 내다보고 그 양식의 개발에 마지막 승부수를 던지면서 총력을 기울였다. 자금난이 계속되던 크라운 더비 업체에 백자의 지나친 소박미를 상호 보완하는 이마리 양식의 전체적인 문양은 일거양득의 역할을 하였다.

　로열 파빌리온은 조지 4세가 서거한 뒤 조카인 빅토리아 여왕에게 상속되었지만, 자식이 많은 빅토리아 여왕 내외가 아이들의 방을 확보하기 위하여 버킹엄 궁전의 증축을 희망하였을 때 왕실의 경비를 절감하기를 원하는 정부의 요청에 따라 잉글랜드 남부의 도시 브라이턴(Brighton)에 매각되었다. 그때 일부 가구는 버킹엄 궁전으로 옮겨졌지만, 크라운 더비 업체가 납품한 이마리 양식의 화려한 디너 도자기 세트는 그대로 남겨졌다.

　특히 '용(dragon)'을 모티브로 한 샹들리에로 장식되고, 벽면이 무명인 중국인의 벽화로 뒤덮인 독특한 분위기의 다이닝룸 식탁 위에 찬연히 빛나는 크라운 더비의 이마리 양식 도자기 세트는 지금도 보는 이들을 즐겁게 한다.

　이마리 양식의 대유행을 타고 크라운 더비 업체에서는 그 뒤 이마리 양식의 문양이 무려 3000종 이상이나 고안되었다. 다른 업체에서는 결코 찾아볼 수 없는 독창적인 이마리 양식의 문양은 로코코 양식의 테이블웨어로 사업을 시작한 크라운 더비 업체에서 차세대의 대표적인 문주홍 색상이 아름다운 '이마리' 양식의 본그림. 로열 크라운 더비 업체의 이마리 양식은 다방면에 걸쳐 제작되었기 때문에 이마리 양식만으로도 책 한 권이 출간될 정도이다.

양으로 자리를 잡았다.

이마리의 대유행으로 큰 자금을 확보한 크라운 더비 업체는 해마다 향상된 기술로 수많은 작품들을 출시하였는데, 당시에 슈루즈베리(Shrewsbury) 백작가, 페러스(Ferrers) 백작가, 노섬벌랜드(Northumberland) 공작가 등 내로라하는 유명 귀족들의 대저택에 디너 도자기 세트를 납품한 기록도 남아 있다.

그러한 가운데 건강이 악화되면서 블로어는 결국 회사를 그의 삼촌인 제임스 토머슨(James Thomason, ?~?)에게 위탁할 수밖에 없었다. 실의에 찬 가운데 블로어가 1846년 세상을 떠나자, 크라운 더비 업체는 2년 뒤 앞서 설명하였듯이 킹스트리트와 오스매스턴 로드에 하나씩 두 개의 더비 공장이 생기게 된 것이다.

공장과 자연의 이상적인 조화,
'정원식 공장(garden factory)'

산업 혁명기인 18세기 말에서 19세기에는 공장의 근로 환경이 매우 열악하였다. 19세기 후반에 들어서면서 여러 기업인들이 노동자의 노동 환경과 생활을 위한 주거 환경을 개선하기 위하여 움직이기 시작하였다.

그런 가운데 큰 주목을 받은 것이 공장과 자연을 일체화시킨 '정원식 공장(garden factory)'의 구상이었다. 쾌적한 근로 환경은 근로자에게 활력을 불어넣고, 근로 의욕도 높여 주기 때문이다. 이러한 사상은 오스매스턴 로드에 창업한 크라운 더비 업체에도 큰 영향을 주었다. 크라운 더비 업체는 도예가들의 '종신고용제도'를 도입하여 고용의 안정을 추구하였다.

사실 오스매스턴 로드에 들어선 공장은 옛 크라운 더비 업체의 이마리 양식을 부활시키려고 설립되었다고 전해진다. 따라서 오스매스턴 로드에서는 1880년부터 이마리 양식의 문양을 정리하는 작업을 진행하였는데, 오늘날 이마리 양식의 도자기에 문양 번호가 새겨진 것은 그 당시 확정된 것이다. 그리고 문양 번호는 1~9000번대까지 매겨져 있다.

계승되는 도자기 그림 기술

근로 환경이 잘 조성된 크라운 더비 업체에는 빅토리아 여왕으로부터 왕실 조달 허가증, 즉 '로열 워런트'를 받은 1890년에 프랑스인 디자이너 데지레 르로이(Désiré Leroy, 1840~1908)가 들어왔다.

그는 11세 때부터 프랑스 왕립 도자기 업체인 '세브르 업체'에서 수련한 뒤 영국으로 건너갔다. 그리고 민턴(Minton) 업체에서 근무한 뒤 로열 크라운 더비 업체로 이적하였다. 그의 자랑인 세브르 스타일의 아름다운 꽃 그림은 상류층의 고객들을 크게 매료시켰다.

르로이는 훌륭한 인재들도 많이 배출하였는데, 그의 수제자가 된 앨버트 그레고리(Albert Gregory, ?~?)에게 그 기술이 계승되었다. 도예 화가들은

화려한 꽃이 부케처럼 풍요롭게 그려져 있는 '포지(posy)' 화풍의 도자기. 물감의 아름다운 색채에 넋을 놓을 정도이다.

자연에 둘러싸인 정원식 공장에서 생생한 꽃을 그리는 작업에 전념하였다. 영어로 작은 꽃다발을 뜻하여 '포지(posy)'라고 불리는 이 화풍은 훗날 중산층을 대상으로 한 애프터눈 티용 도자기 세트에 많이 적용되었다.

겨울이 긴 영국의 애프터눈 티에서는 일 년 내내 봄꽃이 선호된다. 꽃다발이 그려진 찻잔이나 접시를 테이블에 올려놓으면 추운 겨우내 테이블에서 봄을 연출할 수 있는 것이다. 이러한 영국의 지혜로운 관습은 정말 멋지지 않을 수 없다.

세브르 양식으로 그려진 청아한 장미는 영국풍답게 밝고 생생한 그림으로 조금씩 변화하였다. 업체의 미술관 2층에는 꽃 그림을 그리는 코너도 있다. 19세기~20세기 초의 도예 화가의 작품.

오페라의 세계를 표현한 작품, 「미카도」

　19세기 말부터 로열 크라운 더비 업체에서는 상류층을 위한 수작업 그림의 작품을 생산하는 일 외에도, 동판 전사의 인쇄술을 도입하여 화려함을 유지하면서 시대에 맞는 도자기를 생산하면서 원가를 크게 절감하였다.

　사실 당시로서는 획기적인 동판 전사의 작품에 대한 로열 크라운 더비 업체의 첫 시도는 창립한 지 얼마 되지 않은 1764년에 이미 있었다. 당시 더비 업체는 독일의 마이센 업체에 비하여 허접한 이류 업체라는 평가에 시달리고 있었기 때문에 창업자인 듀스베리는 독창성을 발휘하기 위하여 동판 전사의 인쇄 기술자인 리처드 홀드십(Richard Holdship, ?~?)을 고용해 중산층용으로 '블루 앤 화이트(blue & white)' 양식의 '동판 전사(銅版轉寫)' 테이블웨어의 제작에도 도전하였다.

　그런데 몇 년간의 고전 끝에 듀스베리는 역시 더비 업체의 작품은 어디까지나 '상류층'을 대상으로 하는 제품을 수작업으로 만들어야 한다는 방침으로 되돌아갔고, 1769년 홀드십을 해고한 뒤 고급 판매 노선을 지향하면서 첼시 업체, 보 업체를 연달아 인수하였다.

　그리고 100년의 시대를 거쳐 다시 로열 크라운 더비 업체에 되살아난 동판 전사의 인쇄술은 당시에 잘 수용되었고, 이로써 탄생한 작품이 1894년 공전의 히트를 쳤던 「미카도(Mikado)」였다.

　「미카도」는 1885년 영국의 극작가인 윌리엄 S. 길버트(William Schwenck Gilbert, 1836~1911)의 각본, 시모어 설리번(Seymour Sullivan, 1842~1900) 경의 작곡으로 2막으로 구성된 코믹성 오페라로, 런던 사보이 극장에서 초연된 「미카도(The Mikado)」에 유래한다.

영국인이
일본을 상상하여 그린
작품 「미카도」.
매우 유머가 넘치는
작품이다.

   이 오페라 이야기의 무대는 일본의 가상 마을인 '티티푸(Titipu)'이다. 일본인 캐릭터의 배우들이 일으키는 좌충우돌의 코미디를 통해 빅토리아 왕조의 영국 정부를 풍자한 이 오페라는 무려 672회나 상연되어 당시 오페라사상 공연 횟수에서 두 번째를 기록하였다. 유럽 대륙에서는 150개의 극단이 막을 올렸을 정도로 그 인기가 높았다고 전해진다.

   로열 크라운 더비 업체의 작품인 「미카도」도 영국뿐만 아니라 유럽 대륙에서도 공전의 히트 상품이 되었다. 일본을 연상시키는 염색인 '블루 앤 화이트' 문양의 「미카도」였지만, 현재는 옐로, 오렌지, 핑크, 그린 등 다양한 색상으로 전개되고 있다. 금장이 없었기 때문에 식기세척기나 전자레인지에 넣고 무난하게 사용할 수 있는 세트 시리즈로서 인기가 있다고 한다.

   오페라 「미카도」는 지금도 세계 각국에서 상연되고 있다고 한다. 이 오페라를 본 뒤 「미카도」 찻잔으로 티타임을 즐긴다면 아마도 색다른 흥미를 느낄 수도 있지 않을까?

엘리자베스 2세 여왕에게 헌상된
디너 도자기 세트

로열크라운더비박물관에는 왕실에 헌상된 도자기 세트를 전시한 코너가 있다. 이 코너에서는 1978년 이 업체에 로열 워런트를 준 엘리자베스 2세 여왕에게 헌상된 작품들도 다수 볼 수 있다.

엘리자베스 2세가 여왕에 즉위한 지 얼마 되지 않은 1957년에 헌상된 작품인「로열 핑스턴 로즈(Royal Pinxton Roses)」시리즈는 화려하고도 사랑스러운 느낌의 장미가 도자기 세트에 세밀하게 그려져 있다.

그림으로 한 시대를 풍미한 도예 화가인 빌링슬리가 로열 크라운 더비 업체에서 퇴사한 뒤 작품 활동을 계속하던 핑스턴(Pinxton) 마을의 이름을 붙여서 만든 디자인이다.

영국 더비시의 중심지에 있는 로열크라운더비박물·미술관에는
도자기 조각상들이 전시되어 있다. 더비 지역을 방문하는 사람에게는 필수 관광 코스이다.

「로열 앙투아네트」, 「롬바르디(Lombardi)」 등의 제품도 이 시대의 디자인으로 윈저성에 헌상된 것들이다. 로코코풍의 시원하고 경쾌한 느낌의 세트 시리즈는 젊은 여왕에게 매우 잘 어울렸을 것이다.

특히 일부 그림은 전사 인쇄로 전환되었지만, 오랫동안 상류층을 위하여 테이블웨어를 제작해 온 만큼 로열 크라운 더비 업체의 고품격 문

요염한 장미가 아름다운 「로열 핑스턴 로즈」. 왕실에서는 아침과 점심의 시간에 사용되었다고 한다.

꽃이 부채 모양으로 디자인된 「그린 더비 패널」. 앤 공주에 대한 축하의 의미로 꽃을 곁들였다.

잉글랜드의 장미, 스코틀랜드의 엉겅퀴, 아일랜드의 국화 샘록(Shamrock), 웨일스의 서양부추(leek)의 연합왕국을 구성하는 각각의 국화가 디자인되어 있다.

양과 디자인 제품은 오늘날까지도 국민에게 동경의 대상이다.

물론 이와 대조적인 디자인인 이마리 양식의 작품들도 왕실에 계속 납품되었다. 1965년에는 엘리자베스 2세 여왕의 어머니인 엘리자베스 보스 라이언(Elizabeth Bowes-Lyon, 1900~2002)으로부터 이마리 양식의 수프 접시 48점과 디너 도자기 세트의 주문이 들어왔다.

이것은 오래전 조지 4세를 위해 이마리 양식으로 제작된 디너 도자기 세트의 계보를 잇는 주문이었다. 1973년에는 엘리자베스 2세 여왕의 딸인 앤 공주(Anne Elizabeth Alice Louise, 1950~)의 결혼을 축하해 「더비 패널 그린(Derby Panel Green)」이라는 명칭의 디너 테이블웨어 세트가 선물로 헌상되었다. 이 도자기 세트도 이마리 양식의 문양이 그려진 것이었다.

1981년부터 이마리 양식을 바탕으로 동물 모양의 피겨로 제작되는 페이퍼웨이트(paperweight)도 왕실의 기념행사에서 결코 빼놓을 수 없는 일품이다.

초호화 유람선 '타이태닉호'와 함께 가라앉은
환상의 무늬

로열 크라운 더비 업체의 미술관에서는 2011년도에 특별 전시회를 개최한 적이 있었다. 이 당시 전시 테마는 바로 세기의 해상 참사 대명사인 '타이태닉(Titanic)'이었다.

더비는 내륙 도시로 언뜻 보기에 타이태닉호와 아무런 연관도 없어 보이지만, 그 전시의 내막을 알고 나면 모두 놀란다. 1912년 처녀 항해에 나선 타이태닉호의 일등객실용 레스토랑으로서, 세사르 리츠

(Cesar Ritz, 1850~1918)(리츠호텔의 창시자)가 설계한 '아라카르트(à la carte)'의 전용 테이블웨어가 모두 로열 크라운 더비 업체의 작품이었기 때문이다.

로열 크라운 더비 업체는 타이태닉호 건조 100주년이 되는 2011년에 전시회를 개최하면서 아라카르트 레스토랑에 납품된 테이블웨어의 디자인을 손수 복원하여 전시한 것이다. 이와 함께 100년 전 납품된 제품의 원본 카탈로그도 전시되었다. 이 전시회의 개막식에는 당시 찰스 왕세자도 참석한 것으로 알려졌다.

타이태닉호는 1912년 4월 10일 영국의 항구 도시 사우샘프턴에서 출항하여 미국 뉴욕으로 향하는 첫 항해에서 4월 15일 새벽 2시경에 침몰해 1515명의 목숨을 앗아갔다. 이러한 이유로 첫 출항지인 사우샘프턴시 시립박물관의 상설 전시관에서는 당시 로열 크라운 더비 업체가 타이태닉호에 납품하였던 진품 테이블웨어들을 볼 수 있는데, 이는 실제로 대양에 잠긴 타이태닉호로부터 인양한 것들이라고 한다.

잉글랜드 남부 항구 도시 사우샘프턴에서 만난 '타이태닉'의 도자기 유물. 이 작품은 침몰한 타이태닉에서 직접 인양한 진품. 가장자리에 이가 빠진 자국이 당시의 침몰 비극을 떠오르게 한다.

반복 연마 속에서 탄생하는
명품들

　로열 크라운 더비 업체의 도자기 공장은 예약을 통하여 견학할 수 있다. 직접 방문하면 작품들이 실제로 제작되는 과정을 눈으로 보면서 직원의 안내로 친절한 설명도 들을 수 있다.

　도자기 공장을 견학하면 로열 크라운 더비 업체만의 독특한 광경을 엿볼 수 있다. 오늘날 대부분의 도자기 업체에서는 전사 시트를 외부 업체에 맡기는 데 반해, 이 업체에서는 공장에서 직접 제작하는 것이다. 이렇게 하는 이유는 공정 단위를 줄일 수 있고, 때로는 어려운 요건에 대하여 직접 대응하여 제작할 수 있기 때문이다.

　「페이퍼웨이트 피겨(paperweight figure)」 시리즈는 전사 및 금장 부분을 직접 손으로 가공하는 작품들이다. 입체적인 작품에 미세한 전사 시트를 여러 부분으로 조합하면서 붙이는 일은 난도가 상당히 높은 작업으로서 보는 이들로 하여금 넋을 잃게 만든다.

사랑스러운 피겨들. 바닥에는 뚜껑이 있어 문진으로 사용할 경우에는 뚜껑을 열어 모래를 넣는다.

로열 크라운 더비 업체의 역대 로고 마크로 그려진 티룸의 기둥. 역사가 느껴지는 멋진 광경이다.

그릇이 넘칠 정도로 푸짐한 애프터눈 티. 금채(금장식)가 없이 리뉴얼된 「미카도」는 다른 색상으로 맞추면 캐주얼한 분위기가 연출된다.

또한 수많은 작업 중에서도 단연 돋보이는 광경으로는 연마 기술이 있다. 애벌구이를 거친 그릇을 작은 나무 조각이 깔린 거대한 용기에 넣고 빙빙 돌린다. 나무 조각과 애벌구이 그릇의 곁면이 서로 접촉하면서 마모되어 촉감이 매우 부드럽고 매끄러워지는 것이다.

더욱이 유약을 칠하고 가마에서 구운 뒤에 전사 시트와 도자기 물감으로 그림을 인쇄 또는 그리기 전에도 전용 가죽으로 문질러 표면을 매우 정성스럽게 연마한다. 또한 물감으로 그림을 그린 뒤 가마에서 구운 뒤에도 정성껏 닦고 연마한다.

심지어 문양에 금을 입히고 소성한 뒤에도 닦고 연마하는 작업을 계속 반복한다. 이는 유럽의 다른 도자기 업체에서는 결코 구경할 수 없는 로열 크라운 더비 업체만의 진풍경이다.

이러한 과정을 거친 피겨에서는 확실히 다른 브랜드에서는 느낄 수 없는 매우 부드러운 촉감을 느낄 수 있다. 이러한 피겨를 쥐고 만지면 자연히 행복감을 느낄 수 있는 것이다.

도자기 공장의 견학이 끝나면 매장에 병설된 티룸에서 잠시나마 티타임의 여유를 가질 수 있다. 티룸은 50명은 충분히 수용할 정도의 시설이다. 단체 손님이 없을 때는 직원들을 위한 전용 식당으로도 사용된다. 이곳에서는 애프터눈 티를 예약 없이도 즐길 수 있고, 리뉴얼된 「미카도」 찻잔 세트도 자유롭게 사용해 볼 수도 있다.

제 2 장

장인의 투지로 명맥을 이어 온
'로열 우스터,

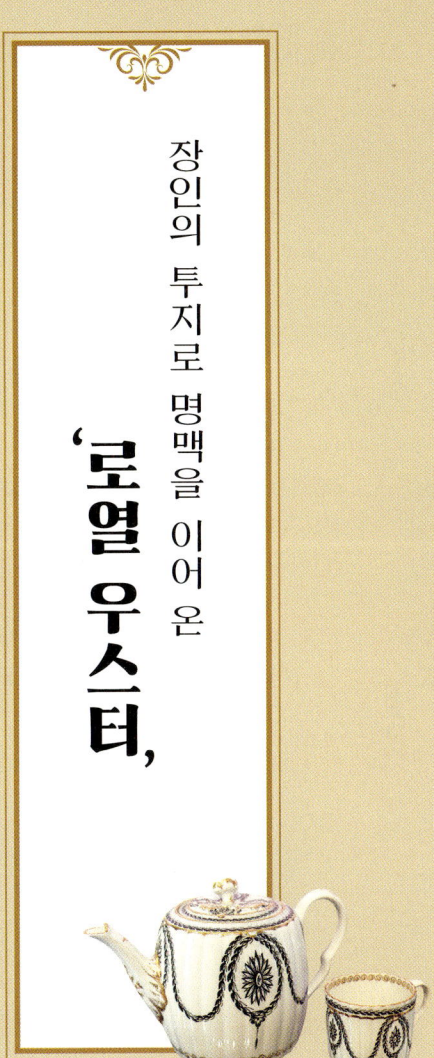

로열 우스터 업체의 연혁

회사명	로열 우스터 (Royal Worcester)
로고	ROYAL WORCESTER® ESTABLISHED 1751
창립 연도	1751년
창립자	존 월
주요 도예가	로버트 핸콕, 제임스 자일스, 토머스 터너, 로버트 체임벌린, 윌리엄 빌링슬리, 리처드 윌리엄 빈스, 토머스 보트, 존 워즈워스, 해리 데이비스
대표 작품	〈스테아타이트 자기〉, 〈블루 스케일〉, 〈엑소틱 버드〉, 〈로열 릴리〉, 〈허니 길딩〉 기법 도자기, 〈햄프턴 길딩〉 기법 도자기, 〈리젠트 차이나〉, 〈블라인더 얼〉, 〈패리언 웨어〉, 〈블러시 아이보리〉, 〈페인티드 푸르트〉, 〈이브샴 골드〉
로열 워런트 인증 연도	1789년 (국왕 조지 3세) : '로열' 호칭 사용 1807년 (섭정 황태자로 훗날 조지 4세)
변천사	월사(Wall & Co)(1751)설립, 카플리 업체 분사, '플라이트 앤 바'로 개칭, '바, 플라이트 앤 바'(1804)로 개칭, 체임벌린 업체 분사, 체임벌린에 합병 및 '우스터 로열'(1840년)로 회사명 개칭, '로열 우스터'(1862년)로 회사명 개칭, 그레인저 사(社)를 인수 및 합병(1902), 해들리사(社)가 인수 및 로크 업체도 인수(1904), 해들리사 인수 및 합병(1905년), '스포드'를 인수(2000년), 현재 영국 홈웨어 기업 '포트메리온 그룹'이 인수 및 합병(2009년)

애향심이 강하였던
어느 의학 박사

오늘날 '로열 우스터(Royal Worcester)'로 잘 알려진 업체의 창립자인 존 월(John Wall, 1708~1776)은 1708년 우스터셔주의 주도인 우스터(Worcester) 근교의 조그만 마을인 파윅(Powick)에서 태어났다.

그는 우스터 킹스스쿨(Worcester King's School)에서 수학하였고, 옥스퍼드의 우스터 칼리지(Worcester College)에서 장학금을 받았으며, 1735년에 옥스퍼드의 머턴 칼리지(Merton College)에서 연구원을 거쳐 1739년에 의학 박사가 된 수재였다.

고향에 대한 사랑이 매우 각별하였던 월 박사는 1740년에 우스터에 돌아와 의사로서 지역 사회에 공헌하면서도, 도시의 번영과 고용의 촉진을 위해 자신이 할 수 있는 일들에 대하여 진지하게 고민하였다. 그러던 중 월 박사는 우스터시 당국에 도자기 공장의 설립을 제안하였다.

도자기의 제작 방법은 유럽 대륙에서 이미 연구와 개발이 이루어져 독일의 마이센 업체, 프랑스의 세브르 업체 등 각국에 왕립 도자기 업체들이 잇달아 창설되었지만, 영국에서는 아직 그 제작 방법을 상업적으로 확립한 업체가 없었다. 그 이유는 도자기의 제작에 필요한 고령토가 영국에서는 나지 않았기 때문이다. 월 박사는 자신의 과학 지식을 바탕으로 영국에서도 제작할 수 있는 도자기의 개발에 나선 것이다.

월 박사는 잉글랜드의 항구 도시인 브리스톨(Bristol)에서 제작되던 그릇의 흙 소재(도토라고도 한다)에 주목하였다. 이 흙에 콘월 산지의 '동석(凍石, soapstone, steatite)'을 30% 정도 섞은 도토를 사용하여 그때까지 영국에서 제작된 그릇보다도 더 단단하고 백색에 가까운 도자기를 탄생시켰다. 이 도자기는 당시 '스테아타이트 포슬린(steatite porcelain)'(스테아타이트질 자기)으로 불렸다.

월 박사는 브리스톨에서 도자기 공장을 공동으로 운영하던 벤저민 룬드(Benjamin Lund, ?~1786), 윌리엄 밀러(William Miller, ?~?)로부터 도예 기술, 시설, 재료 등을 직원들과 함께 제반 권리를 인수하였다. 그는 콘월에서 연간 20톤의 동석을 채굴할 수 있는 권리도 획득한 뒤 우스터 지역에 도자기 공장을 설립하였다. 최대 주주인 월 박사, 두 번째 주주인 윌리엄 데이비스(William Davis, ?~?)를 비롯하여 총인원은 15명이었다.

그들은 1751년 세번강(River Severn) 인근에 주식회사의 형태로 도자기 업체인 '월사(Wall & Co)'를 설립하였다. 공장 이름은 '우스터 턴퀸 매뉴팩토리(Worcester Tonquin Manufactory)'였다. 공장 부지를 강가에 선정한 이유는 원료인 흙이나 연료로 사용하는 석탄, 그리고 도자기 제품을 선박으로 운송하기에 매우 편리하였기 때문이다. 그때 체결된 15명의 파트너십 증서는 현재 '로열우스터박물관(The Museum of Royal Worcester)'에 전시되어 있다. 이곳을 방문하는 사람이라면 한번 눈여겨보는 것도 좋은 일이다.

1754년에는 런던의 올더스게이트 스트리트(aldersgate street)에 전시장을 처음으로 열었다. 당시 우스터 업체에서 제작할 수 있었던 도자

18세기 도예 회화 기법의 작품. 대중국 무역 적자에 시달리던 18세기 후반, 국산 도자기의 발전은 영국 정부로서도 환영할 만한 일이었다.

기의 수준은 아직은 대륙의 제품에 비해 많이 뒤떨어진 편으로서 밑바탕을 이루는 도토가 회색을 띠면서 미관상에도 좋지 않았다.

이러한 단점을 가리기 위하여 밑바탕을 이루는 소재를 백색으로 보이게 하는 유약을 바른 뒤 그 위에 문양을 그려서 좋게 보이도록 만들었다. 주요 고객층은 동양 도자기를 좋아하는 귀족들이었다.

따라서 우스터 업체는 상류층에서 유행하는 홍차 문화에 초점을 맞춰 '티 볼(tea bowl)' 작품들을 주로 제작하였다. 이마리, 가키에몬 등 시누아즈리풍 문양의 모방은 고객층의 저변을 넓혀 나갔다.

1756년 월 박사는 고객층을 중산층으로까지 넓히기 위하여 동판 조각가인 로버트 핸콕(Robert Hancock, 1731~1817)을 영입하였다. 동판 전사 인쇄술을 도입하여 대량 생산의 길을 열고, 고용 효과도 노린 것이었다. 이러한 계획은 적중하여 1767년에 런던 중심부인 채링 크로스(Charing Cross)에서도 전시장을 개설하기에 이르렀다.

'세브르'에 대한 동경으로 탄생한, '블루 스케일'

18세기 말 자기를 수집하는 열풍은 상류층에서 중산층으로까지 확산되었다. 특히 프랑스 왕립 도자기 업체인 '세브르'의 작품들은 동경의 대상으로 사람들이 가장 소유하고 싶은 도자기였다. 그로 인하여 비록 진품은 아니어도 세브르 업체의 분위기를 자아내는 모사품이라면 그 수요가 끊이지 않았다.

그러자 영국의 각 도자기 업체들은 세브르의 제품들을 모사하여 고객들의 수요에 대응하였다. 비록 모사품이지만 오늘날과 같이 쉽게 만들

수 있는 모사품과는 달리 진품과 거의 분간이 안 될 정도로 그림을 정교한 수작업으로 도자기에 그리기 때문에 상당한 기술이 필요하였다. 바탕색의 안료를 비롯하여 문양이나 그림 부분은 새, 곤충, 꽃, 금채(金彩)(금장식) 등 주제마다 도예 화가들이 분업하여 솜씨를 겨루었다. 세브르 작품들을 모사하면서 장인들의 기술도 점점 더 높이 향상되었다.

세브르 모사를 반복하는 가운데 지금은 사라진 '블루 스케일(blue scale)'이라는 멋진 도자 회화 기법도 탄생하였다. 세브르 작품의 꽃이라 할 수 있는 청색의 단색 채색이다.

이 짙은 푸른색에 붉은색이 약간 도는 감색(紺色) 안료(顔料)로 도자기의 밑바탕을 칠하고 그 위에 다시 푸른색 안료로 덧칠하여 소성하는 기법으로 간단할 것 같지만 실은 대단히 어려운 작업이었다. 소성한 뒤 밑바탕의 푸른색이 세브르의 작품과 같이 매끄럽고 균일하게 나오지 않은 것이다.

앞서 소개한 로열 크라운 더비 업체에서도 이 문제를 해결하기 위하여 상당한 노력을 기울였지만 결국은 해결하지 못하였다. 이러한 가운데 우스터 업체는 단색의 채색 대신에 처음부터 얼룩진 비늘 문양을 채택하면서 세브르의 기존 작품들과 전혀 다른 새로운 유형의 도자기들을 탄생시켰다.

세브르 본래의 푸른색 작품과 비교해 보면 전혀 다른 작품으로 보이지만, 당시 중산층 사람들 대부분은 세브르 업체의 정품 블루 단색의 작품들을 거의 본 적이 없었기에 작은 비늘 문양이 있는 정교한 이 '블루 스케일'의 작품을 오히려 더 고급스러운 청색으로 평가하였을 것이다.

그리하여 세브르 업체의 작품들을 모사하는 데 어려움을 겪으면서 탄생한 이 회화 기법은 우스터 업체의 대표적인 상징으로 자리를 잡았다. 훗날 프랑스 파리의 도자기 업체들을 비롯해 유럽 여러 나라의 업체들도 이 기법을 모방하였다.

따라서 오늘날에도 간혹 블루 스케일 기법의 도자기들을 일상에서 접할 수 있다. 특히 로열우스터박물관을 방문하면 수많은 작품들을 감상할 수 있다. 그곳의 해설가에 따르면, 블루 스케일의 기법은 주로 공장의 도예가들에게서 도제식으로 사사하던 아동들이 도맡았다고 한다.

아동의 노동이 당연시되었던 18세 말, 아이들은 도자기 공장에서 바탕색을 칠하거나 간단한 유형의 문양을 그렸다. 어린아이는 붓놀림이 서툴러 자국을 남기는 수준이기 때문에 단색을 일정하게 칠하기는 어렵다. 그러한 면에서 처음부터 작은 비늘무늬를 만들고, 그 비늘무늬를 채색하는 기법으로 아동들에게 작업을 맡긴 것이라고 한다.

이러한 작업 배경을 알고 나서 18세기 말의 작은 꽃병들을 본다면 그 당시 아동들의 붓놀림과 손길이 느껴져 더욱더 사랑스러운 느낌을 가질 수도 있다.

한편, 영국에서는 박물관 외에 런던 내의 벼룩시장이나 뒷골목 점포에서도 우스터 업체의 '블루 스케일'과 같은 골동품 도자기들을 쉽게 접할 수 있고, 또한 살 수도 있다.

물론 그것이 진품인지, 파리에서 모사한 제품인지는 일반인들이 잘

매우 고급스러운
'블루 스케일' 양식의 꽃병.
청색에서 비늘무늬를
확인할 수 있다.

연대가 오래된 작품에는 작은 새나 곤충들이 그려지는 경우가 많다. 그림은 당시 그려진 나비와 딱정벌레의 문양이다.

제임스 자일스가 그린 「엑소틱 버드」 작품. 감상하고 있으면 새가 지저귀는 소리가 들려오는 듯하다.

제1대 글로스터 공작에 헌상된 찻잔 세트를 복원한 작품. 찻잔, 받침 접시에 과일이 풍성하게 그려져 매우 화려하다.

구분하기는 어렵다. 약간의 참조할 사항은 오래된 화풍일수록 꽃과 새를 그릴 때 곤충도 함께 그리는 경우가 많다는 점이다. 만약 곤충이 없다면 19세기 이후의 작품일 수도 있다.

또한 우스터 업체에서 당시 활약하던 화가의 화풍도 참조할 만하다. 한 예로 우스터 업체의 '블루 스케일' 도자기에는 이국적인 새를 그린 작품들이 있는데, 이는 당시 활약하였던 도예 화가 제임스 자일스(James Giles, 1718~1780)의 대표적인 화풍이다.

그는 런던에 독립적으로 화실을 차려 놓고 여러 도자기 업체들로부터 의뢰를 받아 그림을 그렸는데, 대표적인 작품들이 꽃병에 엑소틱 버드(exotic bird)(이국 남방의 새)를 그린 것들이다.

한편, 이렇게 독자적인 기술을 확보한 우스터 업체에 왕실에서 주문이 처음으로 들어온 것은 1770년의 일이다. 이 작품은 과일을 소재로 디자인한 디너 도자기 세트로서 조지 3세의 동생이자 제1대 글로스터 공작(Duke of Gloucester)인 윌리엄 헨리(William Henry, 1743~ 1805)에게 헌상되었다. 이 명예를 끝으로 월 박사는 1774년 은퇴를 결심하였고, 오랜 동업자이자 약사 출신인 윌리엄 데이비스가 그 뒤를 이었다.

토머스 플라이트의 인수와
체임벌린의 독립

월 박사가 은퇴한 뒤 윌리엄 데이비스가 우스터 업체를 이끌면서 도자기의 재질과 유약의 개량에 적극적으로 나섰지만, 그 경영의 행보는 가시밭길이었다. 우스터 업체의 도예가인 토머스 터너(Thomas Turner, 1749~1809)가 독립해 잉글랜드 슈롭셔주(Shropshire)의 카

플리(Caughley) 지역에 설립한 '카플리 차이나 웍스(Caughley China Works)'(이하 카플리 업체)가 성장을 거듭하여 모기업인 우스터 업체의 강력한 경쟁사로 성장한 데다, 설상가상으로 미국 독립전쟁의 여파로 영국 전역에 경제 불황이 닥치면서 자금의 조달이 매우 어려워진 것이었다.

우스터 업체는 급기야 1783년 런던의 프랑스 도자기 도매상인 토머스 플라이트(Thomas Flight, 1726~1800)에 불과 3000파운드의 저렴한 가격에 매각되었다. 토머스 플라이트는 자녀들에게 물려주기 위한 상속 재산의 하나로 매수하였기 때문에 우스터 업체의 도자기 작품성에 대해서는 별다른 관심이 없었고, 이에 장인의 투지가 강하였던 도예가들은 크게 실망하였다.

그리고 경영 총책임자였던 윌리엄 데이비스도 업체의 매각에 대한 책임을 지고 사임하면서, 1784년 토머스 플라이트의 아들인 조지프 플라이트(Joseph Flight, 1762~1838)가 런던으로 들어와 우스터 업체의 사장으로 부임하였다.

플라이트 부자는 경비의 절감을 명목으로 도자기 문양을 그리는 물감의 가짓수를 대폭 줄여 버렸다. 그로 인하여 이 당시 우스터 업체에서는

플라이트 일가가 운영한 우스터 업체의 작품. 단색 채색의 간단한 문양으로 디자인되어 있다.

트위스트 장식의 밑바탕에 한두 색상의 제한된 물감으로 작은 문양을 그린 뒤 금채를 약간 더한 다소 허술한 작품들을 주로 제작하였다.

그런 우스터 업체의 제작 방침에 마침내 도예 화가들이 반기를 들었다. 가장 먼저 반기를 든 사람은 1750년대부터 도예 화가로 일하면서 일부 경영에도 참여하여 신망이 매우 컸던 로버트 체임벌린(Robert Chamberlain, 1736~1798)이었다. 그는 도자기 회화를 경시하는 플라이트 부자의 경영 방침에 정면으로 반발하면서 독립하기를 원하였다.

그 뒤 거듭된 협상 끝에 1784년 체임벌린은 우스터 업체에서 구입한 백자에만 그림을 그려 판매한다는 독점 조건을 수용하여 독립적인 업체를 창립하였다. 아들인 험프리 체임벌린(Humphrey Chamberlain, ?~?)을 비롯하여 로버트 체임벌린을 따라나선 도예 화가들이 도자기에 그림을 전문적으로 그려 넣는 '체임벌린 업체'의 시대가 열린 것이다.

국왕 부부의 내방으로 왕실 조달 업체의 영예를 안은 '로열 우스터' 업체

1788년 8월 국왕인 조지 3세와 샬럿 왕비가 우스터 지역의 음악 축제에 참석한 뒤 당시 우스터 업체를 내방하였다. 이는 플라이트 일가에 대단히 영예로운 일이었다. 이때 샬럿 왕비는 연못에 피는 수련(睡蓮)을 소재로 그려 넣은 「블루 릴리(blue lily)」라는 시누아즈리 양식의 도자기가 마음에 들어 구입하였다. 이 양식은 '블루'와 '골드'만을 채색한 매우 수수한 문양이었는데, 훗날 「로열 릴리(Royal lily)」라 불리게 되었다.

계몽사상이 유행한 이 시대에는 '자연으로 돌아가라'라는 사조가 강조되어 상류층의 사람들이 주말이나 여름 바캉스를 도시의 궁전이나

채색이 아름다운
「로열 릴리」작품.
세트로 있으면
존재감이
있는 작품이다.

큐 가든 인근에 있는
프로그모어 코티지.
샬럿 왕비는
이곳에서 부군인
왕과 아이들과 함께
여름 바캉스를
보냈다고 한다.

저택이 아니라 농촌에서 즐겼다.

샬럿 왕비는 결혼할 때 시어머니로부터 물려받은 영국 왕립 식물원인 '큐 가든(Kew Gardens)'에 조성된 '초가지붕 오두막'과 윈저성 부지에 별채로 만든 '프로그모어 코티지(Frogmore Cottage)'를 가족의 휴양지로 생각하면서 매우 소중하게 여겼다.

이곳의 테이블웨어는 궁전에서 공식적으로 사용하는 휘황찬란한 디자인과는 달리 매우 소박한 것이었다. 샬럿 왕비는 별채에서만큼은 왕족이라는 신분을 잊고 중산층과 마찬가지로 간소한 생활을 즐긴 것이다.

이 '프로그모어 코티지'는 2020년 모든 직위를 내려놓고 왕실을 이탈한 해리 왕자(Prince Harry, 1984~)와 메건 마클 왕자비(Meghan Markle, 1981~) 내외가 입주하기 위하여 새롭게 개조되었다는 소식이 전 세계의 뉴스를 타면서 수많은 사람들에게 알려졌다. 자연에 둘러싸인 이 코티지(시골의 작은 오두막집)는 심리적인 긴장도가 높은 상류층의 사람들에게는 오늘날에도 훌륭한 힐링의 공간으로 보인다.

한편, 국왕 조지 3세와 샬럿 왕비의 내방을 계기로 조지프 플라이트는 동생인 존 플라이트(John Flight, 1766~1791)를 업체의 경영에 참여시켜 왕실의 조언에 따라 런던 서단의 코번트리 스트리트(Coventry street) 1번지에 새로운 전시장을 열었다. 이것이 존 플라이트가 시작한 첫 사업이었다.

그 뒤 플라이트 형제는 왕실과 상류층의 취향을 의식하여 프랑스 세브르 업체의 양식을 표방하기로 사업의 방침을 세웠다. 여기에는 플라이트 일가가 본래부터 프랑스 도자기의 도매상이었다는 가족 내력이 작용하였다. 존 플라이트는 그해 10월 프랑스의 도자기 공장을 시찰하기 위하여 여행을 떠났다.

여행할 당시에 방문처에서 기대치 이상으로 큰 감동을 받은 그는 이듬해 1789년 3월에 다시 프랑스로 건너가 현지에서 유행하는 양식의 도자기를 매입한 뒤 우스터 업체의 전시장에 진열하거나 소속 도예가들에게도 선보여 안목을 높여 주었다. 그해 3월, 우스터 업체는 정식으로 왕실 조달 허가증, 즉 '로열 워런트'를 받으면서 업체명을 '로열 우스터(Royal Worcester)'로 개칭하였다.

플라이트 형제의 프랑스에 대한 사대 의식은 도가 지나쳐서 외주 업체인 체임벌린에도 좋지 않은 영향을 주었다. 체임벌린 업체에 대하여 자신들이 공급하는 백자에 세브르 양식의 문양을 그리도록 강요하거나 또한 공급하는 백자의 가격을 한마디의 상호 논의도 없이 일방적으로 인상해 버리는 등 온갖 횡포를 부린 것이다.

그러한 횡포에 쉽게 굴할 수가 없었던 체임벌린 업체는 백자를 우스터 업체의 경쟁사였던 카플리 업체로부터 공급받기로 결정하였다. 카플리 업체의 경영자인 토머스 터너는 우스터 업체의 출신이었기 때문에 두 업체는 의기투합하기에 이르렀다. 토머스 터너는 체임벌린 업체가

플라이트 일가가 소중히 여긴 프랑스 스타일(왼쪽)과
체임벌린 업체가 지지한 오리지널 우스터 업체 스타일(오른쪽)의 대조 사진.

플라이트 형제가
매료된 프랑스 양식.
플라이트 일가가
경영하는
우스터 업체에서는
이 같은 디자인을
전개해 나간다.

제2장 _ 장인의 투지로 명맥을 이어 온 '로열 우스터'

플라이트 일가의 우스터 업체로부터 경영상으로 완전히 독립할 수 있도록 자금도 지원해 나갔다.

카플리 업체는 크라운 더비, 웨지우드, 우스터 등의 업체들에 비하여 일반인들에게는 지명도가 낮지만, 그 기술력만큼은 당시 그들 유명 업체와 대등하게 어깨를 겨룰 정도였다. 이곳에서 기술을 익혔던 존 로즈(John Rose)가 1795년 콜포트 포슬린 매뉴팩토리(Coalport porcelain manufactory)(이하 콜포트 업체)를 세우고, 당시 이 업체에서 동판 전사의 인쇄술을 익혔던 토머스 민턴(Thomas Minton, 1765~1836)이 1793년 윌로 양식(Willow pattern)으로 유명한 업체인 민턴스(Mintons Limited)(이하 민턴 업체)를 세운 것만 보아도 그 기술력이 얼마나 뛰어났는지 가히 짐작하고도 남는다. 특히 백자와 관련해서는 트위스트 접시의 조형 기술이 우스터 업체와 대등할 정도로 대단히 훌륭하였다.

 칼럼

영화 속에 등장하는 우스터 업체의 작품,
「로열 릴리」

우스터 업체의 작품 「로열 릴리(Royal lily)」는 2018년 아일랜드와 미국이 합작한 블랙 코미디 영화 「더 페이버릿(The Favourite)_여왕의 여자」에도 등장한다. 「더 페이버릿_여왕의 여자」는 18세기 초 영국의 앤 여왕(Queen Anne, 1665~1714)의 총애를 받기 위하여 두 여인이 공방을 펼치는 궁정 드라마이다.

영화 속 여왕과의 티타임에서는 「로열 릴리」의 티볼이 소품으로 나온다. 앤 여왕 시대에 사실 「로열 릴리」는 존재하지 않았지만, 시누아즈리 양식을 모티브로 한 「로열 릴리」는 영화 속 실내장식과 매우 잘 어울린다.

카플리 업체의 적극적인 지원을 받은 체임벌린 업체는 성장을 거듭하였는데, 점차 카플리 업체가 공급하는 백자만으로는 주문 생산량을 채울 수가 없었다. 체임벌린 업체는 새로운 공급처가 요원하였지만, 그렇다고 하여 이미 결별한 플라이트 일가의 우스터 업체에 백자의 공급을 요청하지도 않았다.

이러한 배경으로 체임벌린 업체는 새로운 도전에 나섰다. 그동안에는 다른 업체로부터 공급을 받은 백자에 그림만 그려 넣어 판매하였는데, 1791년부터는 백자의 소성에 직접 나선 것이다.

그러한 가운데 우스터 업체와 체임벌린 업체 간에는 감정의 골이 점차 깊어졌는데, 각각의 업체 관계자들은 길거리에서 서로 마주쳐도 아는 체도 하지 않았고, 심지어는 상대 업체의 도예 기술자마저 몰래 빼가는 '스카우트 전쟁'까지 벌어져 최악의 상황으로 치달았다.

모기업 '로열 우스터'를 경쟁에서 누른 '체임벌린' 업체

체임벌린 업체는 로열 우스터 업체의 초기 창업 정신을 계승하여 훌륭한 작품들을 시장에 내놓는 한편, 플라이트 일가가 경영하는 로열 우스터 업체는 불행하게도 경영자와 투자자가 계속 바뀌면서 도예가들이 점차 이탈한 결과, 작품의 품질도 계속 떨어졌다.

그러한 가운데 1791년 플라이트 형제 중 동생인 존 플라이트가 25세의 일기로 젊은 나이에 죽자, 형인 조지프 플라이트가 1792년 마틴 바(Martin Barr, 1757~1813)를 공동 경영자로 영입하면서 회사명이 나중에 '플라이트 앤 바(Flight & Barr)'가 되었다. 그리고 훗날 1804년에는 마틴의 장남인 마틴 바 주니어(Martin Barr Jr.)가 경영에 참여하여 투자자가 역전되면서 회사명도 '바, 플라이트 앤 바(Barr, Flight & Barr)'로 변경되기에 이른다.

  이렇게 바 일가가 경영에 적극적으로 참여하면서 '돈벌이 제일주의'는 플라이트 일가의 단독 경영 체제 시절보다 많이 누그러졌다. 그 결과 초기 로열 우스터 업체가 고수하였던 영국 스타일의 다양한 색채와 문양들이 복원되었다.

체임벌린 업체가
복원한 영국풍 디자인의
도자기 작품들.

바 일가는 경쟁사인 체임벌린 업체에 대한 승부 의식으로 1808년 당시 크라운 더비 업체 출신의 유명 도예 화가인 윌리엄 빌링슬리를 고용하여 세브르 양식의 꽃문양에 주력하였다. 그러나 바, 플라이트 앤 바 업체는 제품에 대하여 고수하는 회사 고유의 방침이나 철학이 딱히 없었기 때문에 그러한 화풍은 얼마 가지 못하였다.

그 결과 제품들은 체임벌린 업체 수준에는 못 미쳐 시장의 평가도 좀처럼 호전되지 않았다. 1813년에는 바 일가의 마틴이 세상을 떠나고 그

금채(금장식)은 아니지만, 꽃 그림이 아름다운 작품. 빌링슬리가 우스터 업체에 재직한 시대의 작품이다.

플라이트 일가가 경영하는 로열 우스터 업체에 고용된 빌링슬리가 그린 꽃문양의 작품. 로열 크라운 더비 업체 재직 시절부터 그림이 섬세하고 아름답기로 유명하였고, 지금도 찾는 사람들이 많을 정도로 매혹적이다.

의 둘째 아들 조지 바(George Barr, 1784~1848)가 투자하여 경영에 참여하면서 '플라이트, 바 앤 바(Flight, Barr & Barr)'의 체제로 이행되었다.

그 사이에도 체임벌린 업체는 성장을 계속하였다. 1793년에 백자의 자체 소성으로 공급이 안정화되면서 고령토를 약간 포함한 반경질 도자기를 개발하는 일에도 성공하였다.

또한 도자기 물감에 대한 장인들의 고집도 유지되면서 플라이트 일가가 인수하기 전인 초기 로열 우스터 업체의 회화 기술, 즉 금가루를 꿀로 반죽하는 '허니 길딩(Honey Gilding)'(꿀 금박)의 기법도 이어나 갔다. 이 기법으로 채색된 금가루는 가마에서 고열로 소성되면 붉은색으로 발색하고, 붓놀림의 흔적도 문양으로 남는 훌륭한 특징이 있다.

그 무렵에 로열 우스터 업체는 여성 금박공인 샬럿 햄프턴(Charlotte Hampton)을 고용하여 수은 기반의 '햄프턴 길딩(Hampton gilding)'이라는 기법을 확립하였다. 이 기법으로 장식한 금박은 표면이 매끄럽고 평면적이며 노란빛이 돌았다. 꿀을 사용하는 기법보다 문양을 그리기에도 훨씬 쉬워 도자기를 대량으로 생산하는 데 적합하였다.

한편, 타협에 절대로 휘둘리지 않고 작품의 제작에 일생을 바친 창업자인 로버트 체임벌린이 1798년 세상을 떠나자, 체임벌린 업체는 그의 두 아들인 험프리와 로버트(Robert Chamberlain, ?~?)가 승계하였다.

그러한 체임벌린 업체에 1802년 세간의 큰 화제를 몰고 다니던 '세

체임벌린 업체의
허니 길딩(Honey Gilding)
회화 기법이 아름다운 작품.

기의 커플'이 방문하였다. '나일강 해전(The Battle of the Nile)'에서 프랑스 제1제국의 황제 나폴레옹 보나파르트(Napoléon Bonaparte, 1769~1821)가 이끄는 프랑스군에 대승을 거둔 국가적인 영웅 호레이쇼 넬슨(Horatio Nelson, 1758~1805) 제독이 그의 연인인 엠마 해밀턴 부인(Dame Emma Hamilton, 1765~1815)을 대동하고 방문한 것이다.

해밀턴 부인은 당시 영국 외교관인 윌리엄 해밀턴(Sir William Hamilton, 1730~1803) 경의 두 번째 공식 부인인 상태였기에 더더욱 세간의 뜨거운 주목을 받는 상황 속에서 브랙퍼스트, 티타임, 디너 등 다양한 용도의 테이블웨어를 주문한 것이다.

그러나 넬슨 제독은 그 테이블웨어들이 모두 납품되기 전인 1805년 '트라팔가 해전(The Battle of Trafalgar)'에서 나폴레옹 해군에 승리한 뒤 군함의 갑판에서 총탄에 맞아 순국하였다. 아침 식사용 도자기 세트는 넬슨 제독의 유언에 따라 해밀턴 부인에게 양도되었지만, 결제가 모두 완료되지 않아 경매에 부쳐져 흩어지고 말았다. 윌리엄 해밀턴 경과 도자기에 얽힌 이야기는 제3장에서 다루기로 한다.

1807년 섭정 황태자(훗날 조지 4세)는 로열 우스터 업체의 후신, 즉 '바, 플라이트 앤 바'와 체임벌린 업체를 모두 방문하여 왕실 조달 허가 업체로 지정하였다. 그러나 나중에 섭정 황태자로부터 대량의 주문을 받은 곳은 '바, 플라이트 앤 바' 업체가 아니라 '체임벌린 업체'였다.

체임벌린 업체에서
넬슨 제독과
그의 연인 해밀턴 부인을 위하여
디자인한 티 포트.

1811년에 황태자가 정식으로 부친을 대신하여 '섭정자(regency)'가 되면서 체임벌린 업체는 이를 기념하여 최고급 백자 세트인 「리젠트 차이나(Resent China)」를 발표하여 그 실력을 과시하였다.

반면 매출이 부진한 '로열 우스터 업체'의 후신, 즉 '바, 플라이트 앤 바'는 1812년에 빌링슬리 부자에게 새로운 도자기의 소재 개발을 의뢰하였다. 빌링슬리는 백자에 남다른 애정과 열정을 지닌 인물로 평이 나 있었기 때문에 그가 인정할 만한 백자를 만든다면 시장에서 평가가 호전되리라 생각한 것이다.

그러나 이렇게 완성된 백자도 체임벌린 업체의 품질에는 미치지 못하였다. 그 뒤 빌링슬리 부자는 '바 플라이트 앤 바'의 업체를 떠나 최고의 백자 소성을 위하여 빚에 쫓기면서도 여러 업체를 전전하였다.

참고로 당시 크라운 더비 업체는 듀스베리 2세가 사망한 뒤 그의 부인 엘리자베스의 재혼을 둘러싸고 집안에 내분이 일어난 상태였고, 나중에 소개하는 웨지우드 업체도 경영 2세대에 의한 본차이나 사업이 정체된 상황이었다. 그러한 가운데 체임벌린 업체만이 도자기 작품의 제작과 경영이 모두 성장세를 유지하면서 '영국 도자기의 최고봉'이라는 명예를 독차지하였다.

1820년에 조지 4세를 위하여 만든 왕가 문장의 접시.

1813년 체임벌린 업체는 런던에 진출하면서 피카딜리(Piccadilly)에 전시관을 열었다. 그리고 1816년에는 명품의 거리인 뉴 본드 스트리트(New Bond Street)로 전시관을 확장, 이전하면서 체임벌린 업체는 명실공히 영국에서 최고의 평가를 받는 업체로 성장하였다.

체임벌린·우스터가 합병한, '우스터 로열 포슬린'

그런데 체임벌린은 영국 최고의 도자기 업체로 성장하였지만 1830년대에 들어서면서 매출에 좋지 않은 징조를 보이기 시작하였다. 스태퍼드셔주에 거점을 둔 신생 업체인 민턴과 코플랜드(Copeland)가 우아한 세브르 양식으로 큰 인기를 끌었기 때문이다. 체임벌린 업체는 기사회생을 노려 공동경영자로 존 릴리(John Lilly, ?~?)를 새롭게 영입하였다. 그리고 우스터 도시 전체의 도자기 산업을 육성하기 위하여 1840년

왕실 조달 허가증을 받은 뒤인 1831년 윌리엄 4세에게 헌상한 작품. 화려한 문양이 과연 왕가의 물품답다.

백작에게 바친
'블라인드 얼(Blind Earl)'

'로얄 우스터' 업체는 사고로 실명한 제5대 코번트리 백작(Earl of Coventry, 1722~1809)을 위하여 손으로 직접 만져서 느낄 수 있도록 장미의 꽃봉오리와 잎이 입체적인 돋을새김으로 처리되어 유명한 「블라인드 얼(Blind Earl)」이라는 작품도 제작하였다. 그런데 그와는 다른 설득력이 있어 보이는 이야기들도 있다.

요컨대, 우스터셔주 주지사의 보좌관을 역임한 제5대 코번트리 백작이 '1779년 사냥을 나갔다가 사고를 당하여 시력을 완전히 상실하면서 로얄 우스터 업체에 이러한 입체 패턴을 만들게 하였다'는 내용은 사실이 아닐 가능성이 있다는 것이다. 그 이유는 '로얄 우스터' 업체에서는 이미 1750년대 후반부터 이러한 패턴을 제작하고 있었기 때문이다.

사실 코번트리 백작 일가는 선대부터 실명한 사람들이 많았고, 제5대 백작의 실명도 그러한 유전병에 의한 것이라는 의심을 강하게 받았다. 백작 가문에 자신이 흠집을 낼 수 없었던 나머지, 사냥 사고로 인한 실명이라고 에둘러 이야기하면서 소문을 냈다는 설이 더 설득력이 있어 보인다. 그리고 친분이 깊었던 로얄 우스터 업체에 눈이 보이지 않아도 그 아름다움을 느낄 수 있는 이 패턴의 작품을 의도적으로 「블라인더 얼」이라고 부르게 함으로써 비극을 연출하였다는 이야기이다.

잎 부분이 부각된 「블라인드 얼」.
1980년에는 복원품도 제작되었다.

자신이 한때 몸을 담았던 모기업인 로열 우스터 업체의 후신인 '바, 플라이트 앤 바'를 인수하여 자본력을 키우기 위해 노력하였다. 체임벌린 업체와 다시 한 업체가 된 '로열 우스터 업체'는 '우스터 로열 포슬린(Worcester Royal Porcelain)'(이하 우스터 로열)으로 개칭한 뒤 우스터 도시의 코번트리 스트리트에 새로운 점포를 열고 판로의 확대에 나섰다.

1850년에는 자본가인 윌리엄 커(William Henry Kerr, 1823~1879)도 영입하여 '체임벌린, 릴리 앤 커'의 경영 체제가 진행되었다. 이렇게 회사의 자본력은 강해졌지만 정작 도자기의 매출은 기대만큼 늘지 않았다. 대중화된 본차이나도 도입하였지만, 시장에서의 평가가 부진하여 '우스터 로열' 업체의 경영자는 단기간에 교체되었다.

이러한 가운데 우스터 로열 업체는 사운을 걸고 1851년 세계 최초로 열린 런던의 만국박람회에 참가하였다. 그러나 박람회에는 과거의 낡은 작품들을 중심으로 출품해야 했고, 특히 최신 트렌드를 반영하여 제작한 문손잡이와 타일, 그리고 단추 등은 호평을 얻지 못하였다.

이 박람회에서 사람들로부터 높이 평가된 도자기 업체는 유럽 도자기의 본고장 중 하나인 프랑스의 장인들을 대거 고용하여 세브르 양식을 앞세운 민턴 업체였다. 런던 만국박람회에서의 실패에 책임을 지는 차원에서 체임벌린 일가는 경영에서 물러났고, 이

'우스터 로열' 업체에서 1851년 런던 만국박람회에 출품한 메인 작품. 아쉽게도 호평을 받지 못하였다.

듬해인 1852년에는 릴리도 경영진에서 물러났다. 그 대신 유리 제조업체 출신의 리처드 윌리엄 빈스(Richard William Binns, 1819~1900)가 예술 총감독으로 경영에 참여하여 '커 앤 빈스(Kerr & Binns)'의 경영 체제가 갖추어졌다.

런던 만국박람회에서의 실패를 큰 교훈으로 삼기 위하여 빈스는 '우스터의 각성'이라는 새로운 프로젝트를 시작한다. 만국박람회에서 유일하게 좋은 평가를 받은 신소재와 유약을 바르지 않은 패리언(parian)(백색 경질 도자기)을 차용하고, 당시 유행하던 고딕의 복고풍을 의식해 중세 이야기 등장인물 등의 흉상을 제작하였다.

또한 1853년 더블린 만국박람회의 참가를 목표로 '패리언 웨어(parian ware)'로 윌리엄 셰익스피어(William Shakespeare, 1564~1616)의 희극 속 등장인물들을 장식한 디저트용 도자기 세트를 제작하였다. 이 작품들이 더블린 만국박람회에서 높은 평가를 얻으면서 빈스는 취임한지 약 1년 만에 사업의 방향성을 제대로 잡은 경영자로서 큰 주목을 받았다. 그는 도자기 산업의 역사에도 깊은 관심을 가졌는데, 그동안 '우스터 로열' 업체에서 도자기를 제작한 기록들을 보관하면서 연구도 진행하였다.

우스터 로열 업체에서 1853년 더블린 만국박람회에 출품한 고딕 리바이벌 작품. 이 시대에는 셰익스피어 작품도 복고풍이었기 때문에 높은 평가를 받았다.

더블린 만국박람회에 출품된 디저트 도자기 세트를 보고 격찬을 아끼지 않았던 빅토리아 여왕은 1861년 우스터 로열 업체에 패리언 도자기로 장식한 디너용 도자기 세트를 주문하였다.

이것을 계기로 우스터 로열 업체의 전속 도예 화가였던 토머스 보트(Thomas Bott 1829~1870)는 빅토리아 여왕의 부군인 앨버트 공(Prince Albert of Saxe-Coburg and Gotha, 1819~1861)과 친분을 맺으면서 왕실의 소장품 가운데 하나인 프랑스 리모주(Limoges) 도자기의 골동품들을 연구하고 모방할 수 있도록 승낙을 받았다. 이를 통하여 보트는 리모주 도자기의 에나멜 페인팅 기법을 우스터 로열 업체의 작품들에 적용하였다.

1862년 커가 경영진에서 은퇴하면서 빈스는 업체명을 '우스터 로열 포슬린(Worcester Royal Porcelain)'에서 '로열 우스터(Royal Worcester)'로 개칭하였다. 그리고 그해 두 번째 런던 만국박람회에서 빈스는 패리언 도자기의 밑바탕에 매끄러운 유약을 발라 만든 신작인 「블러시 아이보리(blush ivory)」를 발표하였다.

섬세한 그림으로 부드러운 분위기를 자아내는 작품인 「블러시 아이보리」.

빈스는 민턴 업체에서 잘 만드는 이탈리아풍의 석회질 도자기인 '마졸리카(majolica)'의 재현에도 도전하였지만, 품질 대비 매출이 좋지 않아 히트 상품이 되지는 못하였다. 그런 로열 우스터 업체를 살린 것은 1867년 파리 만국박람회에서 처음 접하게 된 '자포니즘(Japonism)'(일본풍) 문화였다.

그런 일본 문화의 작품과 동양적인 디자인에 매료된 빈스는 그 뒤 일본으로부터 수많은 예술품들을 수입한 뒤 자사의 도예가들에게 보여주면서 안목을 높여 주었다. 작품의 수준을 높이기 위해 파리에서 에나멜 장인을 영입한 뒤 상아나 옻칠처럼 보이는 그림들도 연구하였다. 일본화를 의식한 작품에는 금채 위를 바늘로 깎아 양각으로 문양을 내는 '조금(彫金, chasing)'이라는 기술을 많이 사용하여 그 세계관을 확립해 나갔다.

양각 기법인 '조금(체이싱)'으로 새의 날개를
표현한 작품. 자포니즘 양식의 작품에서
조금(체이싱)은 빼놓을 수 없는 기법이다.

로열 우스터 업체에서 제작한
중동풍의 이국적인 작품.
칠보를 연상시키는 에나멜 사용도 매우 훌륭하다.

로열 우스터 업체의 자포니즘 디자인의 도자기는 1873년 빈 만국박람회에서 격찬을 받았다. 계속하여 빈스는 중국, 인도, 페르시아, 중동 등의 스타일도 연구한 뒤 이국적인 정서가 물씬 풍기는 작품들을 잇달아 발표하면서 박람회에 참가할 때마다 상을 받았다.

　그러한 성장세 속에 빈스가 로열 우스터 업체에 온 1852년에 70명밖에 되지 않던 장인의 수도 약 10배로 늘어났다. 그런데 예술적인 면에서는 높게 평가되었지만, 상업적으로는 큰 수익을 내지 못하였다.

또 하나의 도자기 업체, '그레인저 앤 우드'

　그런 로열 우스터 업체에 새로운 바람을 불어넣은 것은 우스터 지역에서 창업하여 성장하던 조그만 업체였다. 시간을 거슬러 올라간 1801년. 체임벌린 업체의 창업자인 로버트 체임벌린의 손자이면서 도예

그레인저 업체의 작품.
금을 듬뿍 사용한
중후한 느낌의 디자인이다.

화가인 토머스 그레인저(Thomas Grainger 1783~1839)는 18세의 나이로 동료 화가인 존 우드(John Wood, ?~?)와 함께 독립해 도자기에 그림만 그리는 공장인 '그레인저 앤 우드(Grainger & Wood)'를 창업하였다.

이곳에서 제작된 작품에는 1801년이라는 연도를 새겼지만 업체가 공식 등기한 것은 1806년이었다. 백자는 할아버지가 경영하는 체임벌린 업체에서 조달하고 있었다.

1817년 공동 경영자인 존 우드가 회사를 떠나자 제임스 리(James Lee, ?~?)가 새로운 출자자가 되어 '그레인저, 리 앤 컴퍼니(Grainger, Lee & Co.)'의 경영 체제로 운영되었다. 그들은 새로운 공장을 세워 작품에는 「뉴 차이나 웍스(New China Works)」라는 상표를 새겼다.

1839년 창업자인 토머스 그레인저가 세상을 떠나면서 아들인 조지 그레인저(George Grainger, ?~?)가 승계하여 회사명을 '조지 그레인저 앤 컴퍼니(George Grainger & Co.)'로 개칭하고 백자도 소성하기 시작하였다.

이 업체는 플라이트 일가가 운영하였던 로열 우스터 업체나 증조할아버지의 체임벌린 업체가 전통적인 복고풍의 작품을 제작하는 것과는 달리 현대적인 작품의 제작에 집중하였다. 1815년 런던 만국박람회를 경험한 뒤에는 패리언 도자기에 격자 모양의 구멍을 뚫는 '투각(透刻)' 기법을 적용해 작품들을 제작하였다.

초창기에는 굽이나 테두리 등 일부에만 투각 기법을 적용하였지만, 점차 작품 전체를 투각으로 장식하면서 작품이 이제 「투각」으로 불리었다. 이 기법은 본래 프랑스의 도자기 업체인 세브르가 많이 사용하였지만, 조지 그레인저 앤 컴퍼니의 작품이 1862년 런던 만국박람회에서 높은 평가를 받자 더욱더 연마된 기술을 적용하여 「투각」은 이제 조지 그레인저 앤 컴퍼니가 자랑하는 고액의 대표 상품이 되었다.

1880년대에 조지 그레인저 앤 컴퍼니의 「투각」은 그 기술이 비약적으로 발전하였다. 도예가인 조지 오언(George Owen, 1845~1917)이 도자기를 틀 위에 놓고 구멍을 뚫은 뒤 건조시키는 기존의 방식에서 벗어나 도자기가 완전히 건조되지 않는 상태에서 조각칼로 치밀하게 구멍을 뚫는 방식을 고안한 것이다.

이렇게 완성된 작품들은 일본의 상아 세공품과도 비슷하여「오픈 워크(openwork)」,「더블 페이스(double face)」라고도 불리었다. 오언은 비밀주의자로서 제자를 두고 기술을 전수하는 도제식을 무척이나 싫어하였다. 그로 인하여 이 기술은 안타깝게도 오언에서 단절되면서 지금도 수수께끼로 남아 있다.

이 놀라운 기술에 주목한 로열 우스터 업체는 1889년 조지 그레인저 앤 컴퍼니를 인수하면서 '그레인저 앤 컴퍼니(Grainger & Co.)'로 개칭하였다. 그러나 공장은 여전히 운영되었기 때문에 도예가들은 변함없는

상아 세공을 연상케 하는
「투각」작품. 꽃병같이 보이지만
물이 새는 장식용 항아리이다.

「더블 페이스」로 불리는 오언의 작품.
기술이 단절되어 오늘날에는
환상의 기법으로 남은 것이 아쉽다.

스타일로 작품들을 제작하였다. 이 시대 작품들의 밑면에는 '로열 차이나 웍스(Royal China Works)'의 백스탬프가 찍혀 있다.

1897년 로열 우스터 업체에서 빈스가 은퇴하면서 그의 아들인 윌리엄 무어 빈스(William Moore Binns, 1861~1920)가 그 뒤를 이었다. 그리고 1902년에는 그레인저 앤 컴퍼니의 모든 제작 업무들을 로열 우스터 업체의 공장으로 이관하였다.

그리고 1904년에는 그레인저 앤 컴퍼니에서 1895년에 독립해 나간 에드워드 로크(Edward Locke, 1829~1909)의 로크 업체도 합병하였다. 또한 로크 업체보다 앞서 1875년에 조지 그레인저 앤 컴퍼니에서 독립해 나간 제임스 해들리(James Hadley, 1837~1903)의 도자기 업체도 1905년에 합병하여 로열 우스터 업체는 장인의 수를 점차 늘려 갔다.

끊임없는 개성으로 발전해 온, '로열 우스터'

로열 우스터 업체는 연이어 도자기 업체들을 합병하였지만, 합병된 각 공장의 장인들은 서로 사이가 좋지 않았다. 로열 우스터, 그레인저 앤 컴퍼니, 로크, 해들리 등 제조 영역이 확고하게 분리되어 있어 각각 비밀주의를 고수하였다.

이러한 운영 방식은 통근제식 개별 공장이라고 불렀는데, 도매상의 가내공업과 공장제의 수공업 사이의 중간 형태로 취급되었다. 회사로서는 재료를 일괄적으로 구매할 수 있고, 한 공장에서 제품을 제작하기 때문에 제품을 회수하는 수고를 줄일 수 있는 장점도 있었다.

한편, 같은 회사의 장인들이지만 서로 협력하지 않고 공동으로 제작하지 않는 것이 언뜻 보기에는 큰 문제로 보이지만, 실은 그 덕분에 각 옛 도자기 업체들에서 전수되는 비밀이나 기법들이 유지되면서 로열 우스터 업체에서는 개성적인 작품들이 계속해서 제작될 수 있던 것이다.

그레인저 앤 컴퍼니 출신의 스틴턴(Stinton) 일가는 도자기의 채색 물감에 정향나무의 정유를 혼합하여 물감이 마르는 시간을 늦추면서 선명하고도 사실적인 그림을 잘 그리기로 유명하였다. 이러한 이유로 스틴턴 일가가 작업하는 곳에서는 정향나무의 향기가 매우 충만하였다는 이야기도 있다. 특히 스틴턴 일가가 그린 부드러운 분위기의 그림들은 당시 고객들로부터도 높은 평가를 받았다.

이러한 시대적인 분위기 속에서 수채화를 연상시키는 그림의 도자기들도 많이 제작되었다. 특히 로열 우스터 업체의 도자기 물감은 윤기가 도는 광택으로 인하여 고급스러움을 자아내기로 유명하며, 다른 업체에서는 결코 흉내를 내기도 어려울 정도라고 한다.

수채화처럼 아름다운 야생화 문양의 찻잔 세트. 하얀색 에나멜의 구슬 장식이 아름다운 작품이다.

1915년 빈스가 경영 일선에서 물러나면서 민턴 업체에서 최신 디자인을 고안하던 존 윌리엄 워즈워스(John William Wadsworth, 1879~1955)가 예술 감독으로 영입되었다.

워즈워스는 자포니즘이 유행한 뒤로 인기가 높았던 「블러시 아이보리」를 선호하였으며, 광택을 내는 '러스터(Lustre)' 기법을 도입해 19세기 후반에 크게 유행한 아르누보(Art Nouveau) 양식의 작품들을 제작하는 일에도 심혈을 기울였지만, 상업적으로 성공하지는 못하였다.

그러한 부진 가운데 히트 상품이 의외로 탄생하였다. 1880년부터 도예 화가인 옥타르 콥슨(Octar H. Copson, 1851~1936)이 금채(금장식)를 살려서 과일 등을 그렸던 「페인티드 프루트(painted fruit)」의 작품들이 1920년경부터 서서히 팔리기 시작하면서 회사를 대표하는 디자인으로까지 자리를 잡은 것이다.

이 「페인티드 프루트」는 그림을 그린 뒤 가마에서 소성하는 작업을 6회 정도 반복하여 22k 금으로 도금한 뒤 연마를 통해 광택을 내기 때문

아르누보 양식의
아름다운 쟁반과
항아리 작품.

신선한 과일이
그려진 「페인티드
프루트」의 작품.
17세기 네덜란드
회화를 방불케 하는
작품이다.

에 매우 손길이 많이 가는 작품이다.

　다른 업체의 작품들이 점차 현대화되어 가는 가운데 로열 우스터 업체에서는 17세기 네덜란드의 정물화를 소재로 한「페인티드 프루트」의 작품들을 선보이면서 보수적인 고객들로부터 큰 사랑을 받았다. 이 디자인은 훗날 로열 우스터 업체에서 장인이 옮겨간 아인슬리차이나(Aynsley China) 업체에서도「오처드 골드(orchard gold)」라는 이름으로 제작되었다.

　20세기 전반 로열 우스터 업체에는 다재다능한 도예 화가들이 많았다. 특히 해리 데이비스(Harry Davis, 1885~1970)는 자신이 붓질한 백자에 사인만 하여도 그 가격이 더 높아질 정도로 인기가 높았다고 한다. 데이비스는 할아버지 대(代)부터 도예 화가였던 가문에서 태어나 유년 시절부터 장인으로서의 훈련을 제대로 받은 전통 장인이었다.

　낚시가 취미였던 그가 그린 물고기 소재, 특히 도자기에 그려진 잉어의 완성도는 마치 살아있는 물고기 그 자체라고 평가를 받을 정도였다. 또한 젊은 화가들에 대한 교육도 잘하기로 소문이 나면서 1928년부터는 '마스터 페인터(Master painter)'로서 교육을 통해 업체에 활기를 불어넣었다.

해리 데이비스가 자주 그렸던
잉어 그림의 작품.
도예 화가의 지도자로서
다른 화가들의 기술을 향상시켰다.

도자기 그룹 포트메리온에 합병된,
'로열 우스터' 업체

　이와 같이 정교한 그림들이 많이 그려진 작품이 로열 우스터 업체의 주력 상품이었지만 제작의 비용과 시간이 대단히 많이 들었기 때문에 회사의 경영은 점점 더 어려워졌다. 제1차 세계대전이 끝난 뒤 찾아온 대공황 속에서 수요가 크게 줄면서 1930년에는 제품의 생산을 일시적으로 중단할 수밖에 없었다.
　경영난의 돌파구를 찾기 위하여 로열 우스터 업체에서는 금채를 줄이거나 그림을 단순화시켜 수익성을 내기 위한 작품들만 생산하자, 결국 그동안 다져온 화려하고 독특한 개성도 점차 잃어버리게 되었다. 1961년 과일 문양의 작품인「이브샴 골드(Evesham Gold)」가 발표되었다. 잉글랜드 서부의 이브샴 계곡에서 여름부터 가을에 걸쳐 수확되는 과실을 소재로 그린 이 작품은 로열 우스터 업체가 기존의 상류층을 대상으로 한 것이 아니라 중산층과 노동자층을 겨냥한 작품이었다.

「이브샴 골드」는 캐주얼한 라인으로 식기뿐만 아니라 직물 제품, 그리고 조리도구의 제품까지 널리 유행하였다.

　따라서 도자기에 들어간 모든 그림은 도예 화가가 수작업으로 그린 것이 아니라 기계로 프린트한 것이었다. 1970년 최신 장비를 도입한 공장이 새롭게 설립되면서 "냉동실에서 오븐으로, 오븐에서 식탁으로"를 캐치프레이즈로 내세우고 그릇의 내열성을 대폭 강화하였는데, 나중에는 전자레인지에 넣어도 문제가 없을 정도 발전시켰다.

로열 우스터 업체는 2006년에 스포드(Spode) 업체도 인수한 뒤 오랫동안 뿌리를 내려왔던 우스터 지역을 떠나 공장을 스토크온트렌트(Stoke-on-Trent)로 옮겼다. 그러나 사업의 실적이 점차 부진하면서 2008년부터 생산 거점을 아시아로 옮겼지만 결국에는 도산하고야 말았다. 2009년부터는 도자기 전문 그룹 업체인 '포트메리온 포터리(Portmeirion pottery)'의 산하로 들어갔다.

'로열 우스터'라고 하면, 웨지우드나 민턴만큼은 대표적인 작품들이 잘 떠오르지 않는다. 이는 아마도 중산층과 노동자층을 대상으로 판매된 「이브샴 골드」 제품에 로열 우스터 업체의 진정한 매력과 실력이 모두 반영되지 않았기 때문인지도 모른다.

그러나 로열 우스터 업체는 1789년 왕실 조달 허가, 즉 로열 워런트를 처음 받은 뒤로 왕조가 바뀌어도 단 한 번도 놓치지 않고 계승해 온 영국에서도 유일무이한 전력을 자랑하는 도자기 업체이다.

특히 엘리자베스 2세 여왕(Elizabeth Ⅱ, 1952~)이 결혼하였을 때 신문의 특집호에서는 젊은 여왕이 받은 혼수 예물들을 소개하였는데, 거기에는 로열 우스터 업체의 도자기 세트들이 게재되어 있다.

또한 윈저성에서 왕실에서 실제로 생활하는 스테이트 아파트먼트(The State Apartment) 입구에는 왕실이 소장한 도자기들이 진열된 도자기방이 있다. 거기에서 세브르, 로열 코펜하겐 등 유럽 대륙의 왕가에서 헌상한 최고급 도자기 작품들과 어깨를 겨루며 나란히 진열된 것도 바로 로열 우스터 업체의 작품들이다.

로열 우스터, 체임벌린, 그레인저 등등 우스터 업체의 역사는 영국 도자기를 처음 접한 초보자에게는 다소 혼란스러울 수도 있다. 그러나 도자기박물관이나 골동품 가게에서 영국 도자기의 작품들을 볼 기회가 있다면 반드시 그것이 어느 시대의 작품인지와 브랜드의 역사에 대해서도 곰곰이 생각해 보길 바란다.

애호가들이 후원하는
'로열 우스터 박물관'

오늘날 우스터시 내 로열 우스터 업체의 공장 부지는 박물관 겸 상점으로 새로 태어났다. 박물관 활동 자금의 대부분이 애호가들의 기부금으로 충당되고 있다고 한다. 이러한 기부는 현금뿐만 아니라, 로열 우스터 업체의 오래된 작품 자체를 기부하는 경우도 있어 놀라움을 자아낸다.

선물 가게에는 골동품을 판매하는 곳도 있다. 그러한 가게에서는 19세기 「로열 릴리」 세트, 우스터의 직인 「초승달」, 왕실 조달 허가를 받은 뒤의 「크라운+초승달」, 그리고 '바, 플라이트 앤 바' 경영 시대의 작품인 「왕관+BFB」 등이 진열되는 수도 있다. 물론 약 200년가량의 세월이 흐른 골동품들이기 때문에 약간의 흠집이 나 있는 경우도 많다.

도자기의 역사를 알고 난 뒤 이러한 골동품 가게에 들어서면 평소의 취향과는 다른 정취를 느낄 수 있는 작품들도 구입할 것이다.

옛 로열 우스터 업체의
공장 부지에
새로 들어선 박물관.

제 3 장

자수성가의 모델이 된 도예가
'웨지우드',

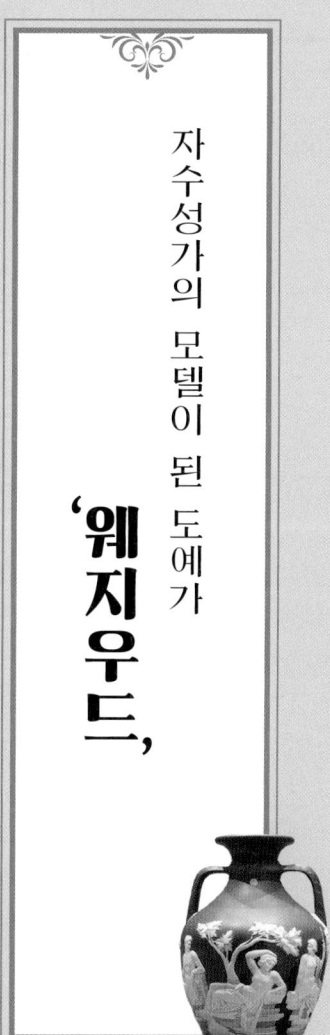

웨지우드 업체의 연혁

회사명	웨지우드 (Wedgewood)
로고	WEDGWOOD ENGLAND 1759
창립 연도	1759년
창립자	조사이어 웨지우드
주요 도예가	존 플랙스먼, 에밀턴 레소르 수지 쿠퍼(1966)
대표 작품	크림웨어 개발(1761), 〈퀸 샬럿 패턴〉 〈이집트 블랙 버솔트〉 항아리 재현 성공(1768), 〈퍼스트 데이스 베이시스〉(블랙 버솔트), 〈허스크 서비스〉, 〈프로그 서비스〉, 재스퍼웨어 개발(1774) 〈댄싱 아워〉(재스퍼웨어), 〈쿠타니 크레인〉, 〈메달리온〉, 〈포틀랜드 항아리〉(재스퍼 웨어), 〈다윈 워터릴리〉, 〈플로렌틴〉, 〈울랜더〉, 〈파인 본차이나〉 제작(1812), 〈블랙 애스트베리〉, 〈와일드 스트로베리〉
로열 워런트 인증 연도	1765년 샬럿 왕비가 '퀸즈웨어' 호칭 하사 1766년 '여왕 폐하의 도예가' 호칭 받음
변천사	'아이비하우스 웍스' 창립, '워터포드 크리스털'과 합병 및 회사명을 '워터포드 웨지우드'로 개칭, 현재 핀란드 기업 '피스카르스(Fiskars)'가 인수 및 자회사인 'WWRD Holdings Limited'에 합병(2015년)

『자조론』에 등재된 웨지우드

"하늘은 스스로 돕는 자를 돕는다"고 하는 유명 격언으로 시작하는 새뮤얼 스마일스(Samuel Smiles, 1812~1904)의 『자조론(self-help)』은 1859년 영국에서 출판되었다. 『자조론』은 '노력이야말로 성공의 길'이라는 주제로 300명 이상의 서양 유명 인사를 대상으로 하는 성공 일화를 소개한다.

그 300인 중에는 도예가로서 자수성가한 조사이어 웨지우드(Josiah Wedgwood, 1730~1795)도 포함되어 있다. 여기서는 혼자의 힘으로 온갖 역경과 시련을 딛고 도자기 업체를 창립하고, 더 나아가 영국 도자기 산업까지도 부흥시킨 조사이어 웨지우드에 대해 살펴본다.

어려움 속에서도 잃지 않은 도예가의 꿈

영국 도자기 산업의 중심 도시로 알려진 스테퍼드셔주(Staffordshire) 스토크온트렌트는 웨지우드 업체의 창시자이며, '영국 도자기의 아버지'로 추앙을 받는 조사이어 웨지우드의 탄생지이다.

조사이어 웨지우드는 대대로 도자기 업계에 종사해 온 토머스 웨지우드(Thomas Wedgwood, 1685~1739)와 메리 웨지우드(Mary Wedgwood, 1690~1766) 사이의 12형제 중 막내로 스토크온트렌트의 버즐럼(Burslem) 지역에서 태어났다.

당시 도공들은 생계를 꾸리기 위하여 농사일도 겸하는 것이 일반적이었는데, 웨지우드 일가도 마찬가지였다. 그런데 조사이어는 목사의 딸로서 약간의 교양을 지녔던 어머니로 인해 이른 나이인 여섯 살 때부터 학교에 다닐 수 있었다. 그는 하루에 무려 11km의 거리를 걸어서 통학하였다.

그런데 1739년 아버지 토머스가 세상을 떠나면서 가세가 기울어져 조사이어는 학업을 중단하고 마침 가업을 이은 맏형인 토머스 웨지우드 4세(Thomas Wedgwood Ⅳ, 1716~1773)의 밑에서 허드렛일을 맡게 되었다. 조사이어는 아홉 살의 어린 나이에 고된 생활을 시작한 것이다.

집안의 생계를 돕기 위하여 나섰던 어린 소년 조사이어에게 신은 또 다른 큰 시련을 안겨 주었다. 1741년 11세의 나이에 당시 역병이었던 천연두에 걸리면서 오른쪽 다리를 영원히 사용하지 못하게 된 것이다. 그 뒤 1768년에는 오른발을 절단하기에 이르렀고, 결국 도공에게 필수적인 장치인 발물레를 돌릴 수 없는 몸이 되고 말았다.

스토크온트렌트의 중심지 헨리에 있는 '더 포터리스 뮤지엄 앤 아트 갤러리'에는 웰던과 조사이어가 공동으로 공장을 운영하던 시대의 작품들이 전시되어 있다.

이러한 상황에서 조사이어는 형제들 사이에서 쓸모없는 사람이라는 낙인마저 찍혔지만, 가족에 보탬이 되려는 한마음으로 밤마다 유약과 재료(도토 등)에 관하여 조사하면서 연구에 몰두하였다. 그러나 가난에 찌든 가족들에게 그의 연구는 현실적으로 도움이 되지 못하면서 형제들 사이도 점차 멀어져만 갔다.

22세 때 부친의 유언에 따라 20파운드의 유산을 받은 조사이어는 청운의 꿈을 안고 가족의 곁을 떠나기에 이른다. 그리고 유산의 일부를 공동 출자금으로 내고 존 해리슨(John Harrison)이 운영하는 조그만 도자기 공장에서 잠시 일한 뒤 토머스 웰던(Thomas Wheildon, 1719~1795)의 도자기 업체로 취직하였다. 이곳에서 근무 태도가 높이 평가되어 2년 뒤인 1754년에 조사이어는 버즐럼 제일의 도공으로 인정을 받던 웰던으로부터 공동 제작의 권유를 받아 함께 일하였다.

당시 웰던은 백색 사기그릇의 개발에 전념하고 있었는데, 11세 연하의 조사이어를 친동생같이 여기고 아끼면서 자신의 기술을 전수하였다. 이 백색의 사기그릇이 훗날 '재스퍼웨어(jasperware)'를 완성하는 데 밑거름이 된 것이다. 조사이어는 무엇이든지 배우겠다는 성실한 자세로 도예가로서의 길을 더욱더 닦아 나갔다.

당시 조사이어가 연구를 통해 개발에 몰두하였던 것은 백색 도자기인 '크림웨어(cream ware)'였다. 그의 연구에 깊은 감동을 받은 웰던은 연구 내용에 대하여 조사이어가 비밀로 유지해도 좋다고 허락하고, 상품화된 작품에 대해서만 공동으로 이익을 추구하자는 파격적인 대우를 제시하였다. 이에 대하여 조사이어는 훗날 다음과 같이 기록하고 있다.

> 작품의 흙, 유약, 색상, 모양을 끊임없이 개선하려고 도전할 때 우리 주위에는 좋은 흙이 풍부한 대지가 끝없이 펼쳐져 있기에 수고를 아끼지 않고 노력하는 사람에게는 반드시 그 고생에 보답할 만한 은혜가 충만할 것이다.

이것이 바로 새뮤얼 스마일스가 강조한 '자조론'의 사고방식이다. 훗날 웨지우드 업체의 훌륭한 경쟁사가 되는 스포드 업체의 창시자 조사이어 스포드(Josiah Spode, 1733~1797)도 동문수학의 동료였다. 열정으로 가득한 동료 도공들과의 교류도 조사이어에게는 일생의 큰 선물이었다.

1759년 29세 무렵 조사이어는 먼 친척으로부터 10파운드의 유산을 받고 독립을 결심하였다. 당시 삼촌인 존 웨지우드(John Wedgwood)의 소유였던 버즐럼의 작은 공장인 '아이비하우스 웍스(Ivy House Works)'를 연간 10파운드에 임대하였다. 이것이 전설적인 도자기 업체인 '웨지우드'의 시초이다.

(Fig. 59.)　　　　IVY HOUSE AND WORKS.

마을의 목사가 공장인 '아이비하우스 웍스'를 방문하였을 때, 조사이어는 화단에 꽃을 열심히 심고 있었다고 한다. 종업원들에게는 청결을 위하여 갈아입을 옷들을 제공하였다고 한다. 목사는 조사이어를 "그의 영혼이 하나님 가까이 있는 것 같았다"고 표현하였다.
_『조사이어 웨지우드의 일생(The Life of Josiah Wedgwood)』제1권/(1885년) 중에서

그 아이비하우스 웍스의 맞은편에는 삼촌인 존이 경영하는 도자기 공장인 '빅하우스(big house)'가 있었다. 길 건너에 꿈에도 그리던 형태인 삼촌의 큰 도자기 공장은 조사이어에게 큰 성취동기를 심어 주었다.

1761년 조사이어는 오랜 연구 끝에 마침내 아름다운 유백색의 경질 도기인 크림웨어를 만드는 데 성공하였다. 백색 점토와 규석으로 만든 유백색의 도토를 구운 뒤 납 성분의 유약을 발라서 표면에 자기와 같은 반투명의 질감을 낼 수 있었다.

마침구이의 기법으로 표면이 균일한 제품을 개발의 목표로 생산된 크림웨어는 일부 제조 과정에 기계화 작업을 도입하였기 때문에 대량 생산이 가능하였고, 또한 가격도 기존의 도자기에 비해 저렴하였다.

이같이 품질도 좋고 가격도 저렴한 크림웨어는 그때까지 테이블웨어에 별로 관심도 없었던 노동자 계층에도 확산되면서 영국인들의 일상생활 속으로 급속히 퍼져 나갔다. 이때부터 크림웨어는 '실용 도자기'의 대명사가 된 것이다.

공장에 남아 있는 크림웨어의 플라크(도판) 시작품. 조각에 새겨진 숫자는 조사이어 웨지우드의 성공이 결코 우연이 아니라 꾸준한 연구를 통해 이루어졌다는 사실을 알려 주고 있다.

크림웨어는 조리 기구의 소재로도 인기가 있었다.
젤리를 만드는 형틀 등은 왕실 주방에서도 사용되었다고 한다.

이해심이 깊은
평생 반려자와의 만남

　1762년 조사이어 웨지우드는 상업 도시 리버풀에서 '운명적인 만남'을 가졌다. 협력 업체의 공장에서 열리는 회의에 참석하러 가는 길에 불행하게도 낙마하면서 그렇지 않아도 불편하였던 오른쪽 다리를 다쳐 호텔에서 요양하게 되었다. 그 와중에도 회사가 걱정되어 하루속히 버즐럼으로 돌아가고 싶다는 뜻을 의사인 매슈 터너(Matthew Turner, ?~1788)에게 내비쳤지만 그 자리에서 거절되었다.

　매슈 터너는 의사로서 환자가 엉뚱한 생각을 갖지 않도록 요양 기간에 토머스 벤틀리(Thomas Bentley, 1731~1780)를 말벗으로 붙여 주었다. 토머스 벤틀리는 부유층 출신으로서 대학까지 졸업한 지식인이었다. 예술과 문화에 조예가 깊고, 인맥도 풍부한 그에게 조사이어는 곧 매료되었다. 우연히 나이도 비슷하여 두 사람은 의기투합하였고, 그 뒤 조사이어는 친구 겸 사업 컨설턴트로서 토머스 벤틀리와의 인연을 소중히 여기면서 신상품을 개발할 때마다 항상 리버풀을 방문하여 그의 의견을 반영하였다.

조사이어 웨지우드는 항상 겸손하였다. 그는 모든 시제품을 가정주부에게 사용하게 한 뒤 그 소감을 참고하여 작품을 만들었다. 훗날 결혼하는 세라는 그의 훌륭한 조언자였다.

이듬해인 1763년 초, 조사이어는 나중에 '벨 웍스(Bell works)'라는 이름으로 많은 사랑을 받게 될 약간 큰 공장인 '브릭 하우스(Brick House)'를 구입하여 제2의 공장으로 운영하였다. '벨 웍스'라는 애칭은 기존의 뿔피리 소리가 아닌 아름다운 '벨' 소리로 직원들에게 작업 신호를 보냈기 때문이다. 벨 웍스에서는 모터로 가동되는 최신식 물레를 도입하여 도자기 생산에 효율을 높였다.

두 공장의 주인으로 성장한 조사이어 웨지우드는 1764년 빅하우스의 공동 경영자인 리처드 웨지우드(Richard Wedgwood, 1701~1782)의 딸이자 사촌인 세라 웨지우드(Sarah Wedgwood, 1734~1782)와 부부의 연을 맺었다. 리처드는 은행가로서 빅하우스 공장 외에 치즈 공장도 운영하는 성공가였다.

그들은 버즐럼에서 약 16km 떨어진 체셔(Cheshire) 지역의 고급 주택가에 살았다. 부유한 리처드는 소중한 딸을 애지중지하여 세라를 높은 수준으로 교육시켰기 때문에 친척이지만 큰 재산도 없고 더욱이 몸까지 불편한 조사이어에게 딸을 시집보내는 것에 대하여 굉장히 어두운 표정이었지만, 회사에서 독립한 뒤 조사이어의 활약상을 높이 인정하면서 결국에는 결혼을 승낙하였다. 세라의 나이 30세, 조사이어는 34세였을 무렵에 두 사람은 세인트 메리 교회(St. Mary's Church)에서 결혼식을 올렸다.

최고급 작품에 조사이어와 세라가 결혼식을 올린 지명을 붙인 「애스트베리 블랙(Astbury black)」.

어릴 적부터 서로 알고 지낸 두 사람은 잉꼬부부가 되어, 조사이어는 평생 아내를 '나의 샐리(Sally)'라 부르고 아꼈다. 세라는 매우 총명한 여성으로서 조사이어가 하는 일들을 잘 이해하고 그를 지원하면서 어느덧 조사이어에게는 결코 없어서는 안 될 존재가 되었다. 조사이어는 작품이 완성되면 반드시 아내에게 사용해 보도록 부탁하였고, 주부로서 아내가 들려주는 조언에 귀를 기울였다고 한다.

한편, 두 사람 사이에서 탄생한 일곱 명의 자녀들은 모두 각 분야에서 두각을 드러냈다. 그들은 아버지의 가업을 잇거나 도예가, 과학자, 사회 사업가 등 다양한 분야에서 활약하였다. 장녀인 수재나(Susannah Wedgwood, 1765~1817)는 1859년에 『종의 기원(On the Origin of Species)』을 발표한 찰스 다윈(Charles Darwin, 1809~1882)의 어머니이고, 장남인 존(John Wedgwood, 1766~1844)은 왕립원예협회의 초대 재무장을 역임하였고, 가업을 이은 차남 조사이어 2세(Josiah Wedgwood II, 1769~1843)는 본차이나 개발에 착수하였다. 그리고 막내아들인 토머스(Thomas Wedgwood, 1771~1805)는 과학자로서 사진 개발에 힘써 '영국 사진의 아버지'라는 칭호를 받았다.

웨지우드 일가의 유화 그림. 현재 '웨지우드 박물관'에 소장되어 있다.

실용적이면서 아름다운
'크림웨어'

    1765년 6월 조사이어 웨지우드는 국왕 조지 3세의 아내인 샬럿 왕비로부터 크림웨어로 제작한 '커피 앤 티 도자기 세트'를 주문받았다. 정확한 일자는 알려지지 않았지만, 조사이어가 동생 존에게 보낸 편지(6월 17일 소인)에 그 주문 내용이 남아 있다고 한다.

    이때 그릇은 샬럿 왕비가 일상적인 테이블웨어로 사용하기 위한 것으로서 그해 연말 무렵에 왕실에 납품되었다고 전해진다. 샬럿 왕비는 이 크림웨어가 당시 너무도 마음에 들어 '퀸즈웨어(Queen's ware)'라는 특별한 애칭을 선사하였다.

    이 시대에 디자인된 작품 중에는「퀸 샬럿 패턴(Queen Charlotte pattern)」이라는 것도 있다. 동판 전사로 인쇄된 '블루 앤 화이트' 양식의 이 크림웨어는 당시 샬럿 왕비가 소유지인 큐 가든 내 샬럿 코티지와 윈저성 내의 프로그모어 코티지에서 사용하였다고 한다.

    왕실에 헌상하는 영예를 얻은 일은 현지에서도 화제가 되면서, 신문

샬럿 왕비에게 바쳐진 「퀸 샬럿 패턴」은 동판 전사 작품이다.
사실 왕비는 동판화의 판 수집가로 알려져 있으며, 그녀의 사저인 샬럿 코티지에는 18세기 영국 동판 화가의 작품들이 전시되어 있다.

에는 '버즐럼의 조사이어가 왕비의 도공이 되는 영광을 얻었다'는 내용의 기사가 대서특필되었다. 이를 계기로 조사이어 웨지우드의 이름은 '왕실 납품 도예가'로서 전 세계에 알려지면서 유럽 대륙의 왕후나 귀족들도 주문을 시작한 것이다.

조사이어는 상류층의 주문 건에 대해서는 주형은 장식적인 것을 사용하고, 그림은 숙련된 장인들에게 맡겨 세밀하게 그리도록 지시하였다. 반면 일반 시장에 판매하는 생활용품은 성형이 쉬운 간단한 디자인을 채택하여 대량 생산에 나섰다.

이와 함께 손으로 직접 그리는 부분을 최소화하면서 전사법을 적용하여 생산비를 최대한 줄이는 방법들도 연구하였다. 이같이 크림웨어는 소비층에 따라서 '손으로 작업한 그림'과 '전사 인쇄'로 차등을 두어 제작해 판매하면서 폭넓은 계층의 사람들로부터 큰 사랑을 받은 것이다.

1768년 조사이어는 런던의 뉴포트 스트리트(Newport Street)에 전시장을 열었는데, 이때 전시장의 관리 업무는 오랜 친구이자 동료였던 벤틀리가 맡았다.

기업의 이미지가 높아지는 가운데 조사이어와 벤틀리는 해묵은 고민거리를 해소하기 위하여 적극적으로 나섰다. 그것은 운하를 건설하는 일이었다. 당시 스토크온트렌트에는 도자기 공장이 많이 있었지만, 제품을 도시로 운송하는 육지 노선은 별로 좋지 않았다.

특히 수도인 런던은 거리가 매우 멀었고, 집하장이었던 리버풀까지도 길이 육로밖에 없었다. 따라서 파손되기 쉬운 도자기를 육로로 운송하는 것은 당시로서는 매우 힘든 일이었고, 실제로 운송 도중의 높은 파손율은 도자기 업계의 큰 골칫거리였다.

조사이어와 벤틀리는 이러한 문제점을 해결하는 데는 선박에 실어 수로로 운송하는 것이 최선이라 생각하였다. 그리고 당시 운하 건설에 조예가 깊었던 브리지워터(Bridgwater)의 3대 공작인 프랜시스 에거턴(Francis Egerton, 1736~1803)의 협조를 구하여 새로운 운하를 건설하

트렌트·머시 운하가 내려다보이는 위치에 건설된 조사이어 웨지우드의 자택.
한가로운 전원 지역도 오늘날에는 간선 도로가 지나가면서 풍경이 완전히 뒤바뀌었다.

는 운동에 나섰다.

이에 찬동한 도공들도 적극적인 지원 운동에 나서면서 스토크온트렌트와 리버풀을 수로로 연결하는 '트렌트·머시 운하(Trent and Mersey Canal)'가 마침내 착공된 것이다. 이에 발맞춰 조사이어는 운하의 수로에 인접하는 광대한 토지를 매입하고 새로운 도자기 공장들을 설립할 계획들을 세웠다.

'퀸즈웨어'의 명성은 해외로까지 뻗어 나갔다. 1768년에 조사이어는 고객이었던 재러 영국 대사에게 러시아 황실로의 수출 가능성에 대하여 의사를 타진하였다. 그 뒤 대사관에서는 영국제 테이블웨어의 우수성을 러시아에 널리 알리기 위하여 상트페테르부르크에 소재한 관저의 귀빈 접대용 테이블웨어들을 모두 퀸즈웨어로 교체해 적극적으로 사용하였다.

이러한 노력은 매우 큰 효과를 거두었는데, 1770년에는 러시아의 여제인 예카테리나 2세(Ekaterina II, 1729~1796)로부터 디너용 도자기 세트를 주문받았다. 산딸기 색상의 문양으로 화려하게 장식되어 훗날 「허스크 서비스(Husk Service)」로 불리는 이 도자기 세트의 제작에 조사이어는 매우 세심한 배려를 기울였다.

러시아의 추운 기후를 고려하여 식사 중에 음식이 식지 않도록 뜨거운 물을 담아 놓는 별도의 접시를 요리 접시 아래에 깔도록 디자인한 것이다. 예카테리나 2세는 이「허스크 서비스」를 당시 총애하였던 그리고리 그리고리예비치 오를로프(Grigory Grigoryevich Orlov, 1734~1783)에게 하사하였다. 오늘날에는 이 도자기 세트의 극히 일부인 196점의 테이블웨어가 상트페테르부르크의 '페테르고프 궁전(The Peterhof Palace)'에 소장되어 있다.

실제로 러시아 궁전들의 실내는 겨울에 혹한의 기후로 인하여 몹시 춥다. 유럽 다른 나라의 궁전은 주방이 대체로 실내의 지하에 있지만, 러시아의 궁전은 주방이 궁전 내 지하가 아니라 별채에 있었다. 그리고 요리는 보통 별채에서 조리하여 궁전 1층이나 지하에서 다시 데워 제공된 경우가 많았다고 한다.

극한의 겨울 추위 속에서 운반되는 음식을 생각해 보면, 조사이어의 그러한 세심한 배려는 당시 러시아 왕실 사람들의 가슴에 그 진정성이 강하게 전해졌을 것으로 충분히 상상된다.

러시아에서 촬영한「허스크 서비스」. 수프 접시는 이중으로 제작되어 있다.

고대 이탈리아 문명 양식, '에트루리아'에 대한 동경

1769년 조사이어는 오랜 벗인 벤틀리를 '웨지우드 업체'의 공식적인 동업자로 맞이하였다. 1766년에 사들인 운하 건설 예정지 바로 앞에 대망의 최신 공장 '에트루리아(Etruria)'가 완성된 것도 같은 해였다.

에트루리아(Etruria)는 로마제국 시대 이전에 이탈리아 중부를 지배하였던 민족으로서 매우 독자적인 문명을 이룩하였다. 18세기에는 고대 에트루리아인들이 사용하였던 아름다운 그림이 그려진 수많은 도자기 항아리들이 속속 발굴되면서 영국에서도 큰 주목을 받고 동경의 대상이었다.

공장의 준공을 기념하는 차원에서 조사이어는 자신의 다리가 불편한 탓에 동업자인 벤틀리에게 발물레를 돌리게 하고, 자신은 손으로 직접 점토를 반죽하여 6개의 항아리를 만들었다.

이 항아리에는 "1769년 6월 12일 스태퍼드셔주의 에트루리아 공장에

조사이어 웨지우드가 동경한 에트루리아의 「이집트 블랙 버솔트(Egyptian Black basalt)」. 로마의 에트루리아 박물관에서 촬영한 모습.

서 웨지우드와 벤틀리가 만든 첫 작품 중 하나"라는 문구가 새겨졌다. 그리고 사실상 두 사람의 공동 작업으로 탄생한 '첫 번째 항아리'의 작품이라는 뜻에서 사람들 사이에서는 「퍼스트 데이스 베이시스(First Day's Vases)」로 불리고 있다. 도자기 산업에 대한 두 사람의 열정에 대해서는 정말 견줄 것이 없었다.

이 항아리는 '블랙 버솔트 스톤웨어(black basalt stoneware)'(검은 현무암 색상의 석기)로 제작되었다. 조사이어는 검은색이 순수하고 영원하다고 믿었고, 「이집트 블랙 버솔트(Egyptian Black basalt)」라고 당시 불리던 현무암같이 짙은 검은색의 석기를 1768년에 세계 최초로 재현하였다.

당시로서는 최대 규모의 도자기 공장인 에트루리아에서는 합리화, 준칙, 품질관리, 전문화, 직원 복지, 건강 관리 등 혁신적인 운영 시스템을 도입하고, '과학', '아름다움', '사업'의 언뜻 상반되어 보이는 이념들을 통합하여 고품질의 새로운 제품들을 수많은 사람들에게 보급하기 위하여 노력해 나갔다.

「퍼스트 데이스 베이시스」는
6개의 작품이 제작되었고,
오늘날 4점이 남아 있다.

블랙 버솔트를 소재로 사용하여 많은 흉상을 제작하였다. 이러한 흉상들은 실내장식에도 많이 사용되었다.

    조사이어는 에트루리아 공장 맞은편에 자신의 집과 벤틀리를 위한 '뱅크 하우스(Bank House)'를 건축하였고, 공장 직원들을 위하여 사택들도 건축하였다. 이같이 공장 직원들의 근무 환경을 크게 개선한 것은 사업의 스승인 토머스 웰던을 따른 것으로 알려져 있다. 그러나 벤틀리는 런던 출신의 부인이 시골 생활을 달가워하지 않았던 이유로 실제로 뱅크 하우스에서 거주하지는 않았다.

    당시 조사이어가 거주하던 저택인 '에트루리아 홀(Etruria hall)'은 오늘날 호텔로 개장되어 운영되고 있다. 이 저택은 당시 건축가인 조지프 픽퍼드(Joseph Pickford, 1734~1782)가 1768년부터 짓기 시작해 약 9년에 걸쳐 완성한 것이다.

    이 에트루리아 홀은 훗날 '영국 사진의 아버지'로 불리게 될 막내아들인 토머스 웨지우드가 1790년에 사진을 개발하는 장소로 활용하였기 때문에 홀 내에는 그의 작은 기념비가 남아 있다. 이 저택은 1840년대에 웨지우드 일가가 재정난을 겪으면서 조사이어의 손자인 프랜시스 웨지우드(Francis Wedgwood, 1800~1888)가 매각하였다.

그 뒤 여러 사람의 손을 거쳐 1990년에 세계 정상급 호텔 체인 업체인 '베스트 웨스턴 인터내셔널사(Best Western International, Inc.)'가 사들이면서 리모델링을 통해 현재 4성급의 '스토크온트렌트 모드 하우스(Stoke on Trent Moat House)'로 개장되었다.

이 에트루리아 홀은 8개의 회의실을 갖춘 호텔 별관으로 운용되고 있다. 그 회의실들에는 각각 조사이어 웨지우드와 관련된 사람들의 이름이 붙어 있다. 벤틀리, 재러 영국 대사를 역임한 그랜빌 레브선 가워(Granville Leveson-Gower, 1721~1803) 후작, 조사이어가 존경하였던 건축가 로버트 애덤(Robert Adam, 1728~1792) 등이다.

유일무이한 동업자를 얻은 조사이어가 다음으로 시도한 것은 신고전주의 양식으로 장식성이 강한 도자기를 제작하는 일이었다. 18세기 전반에는 이탈리아 베수비오산의 폭발로 매몰되었던 두 고대 도시인 헤르쿨라네움(Herculaneum)과 폼페이(Pompeii)가 각각 1738년, 1748년

에트루리아 홀의 회의실. 조사이어 웨지우드가 디자인한 그림들이 장식되어 있다.

에 발견되었는데, 그곳에서 발굴된 고대 유물들이 당시 사람들에게 그리스·로마 시대에 대한 강한 동경 의식을 불러일으켰다. 영국의 상류층에서는 고고학적인 연구와 유물의 발굴, 그리고 관광을 목적으로 그랜드 투어가 성행하였다.

사람들은 고대의 고전 철학과 사상에 깊은 영향을 받아 기원전 시대의 건축물과 향수를 불러일으키는 풍경에 크게 매료되었다. 방문지에서는 골동품점이 필수 경로였고, 화가에게 그리도록 한 풍경화나 초상화의 배경은 예전과 같이 저택이 아니라 고대 그리스·로마 시대를 물씬 풍기는 장소로 요구하였다.

또한 사람들은 자신이 방문한 곳에서 배운 산지식을 과시하는 겸 고국으로 돌아가서도 르네상스 양식의 건축을 추구하였다. 물론 16세기 르네상스 시대도 고전주의 양식이 부흥하였지만, 18세기에는 더욱더 발전된 과학과 건축 기술을 동원하여 그러한 고전주의 양식을 르네상

신고전주의 양식의 전형적인 실내장식. 스톤 컬러로 칠한 실내는 신화풍으로 장식되어 있다.

스 시대보다 더 정밀하게 재현할 수 있었다. 따라서 건축물은 놀라울 정도의 완성도로 재현되었고, 이러한 건축 양식은 고전주의에서 한층 더 발전한 '신고전주의'의 양식으로 인식되었다.

영국에서는 '컨트리 하우스(country house)'라는 신고전주의 양식의 저택들이 지방에서도 건립되면서 당시 런던에서 특정 시기에나 볼 수 있던 무도회나 파티 등의 오락들이 이제는 지방에서도 적극적으로 개최되었다.

귀족들은 손님들이 보기에 부끄럽지 않도록 저택 내부를 장식하는 물건들에 투자를 아끼지 않았는데, 특히 고대 문명을 상징하는 장식용 항아리에 대한 수요는 크게 치솟았다.

이러한 복고풍의 유행은 산업 혁명으로 급속히 발전하는 시대에 대한 일종의 문화적인 저항 운동이라고 할 수 있었다. 당시 조사이어와 벤틀리는 산업화를 통하여 계급 사회에 과감하게 도전하여 새로운 시대를 여는 인물들이었지만, 반대로 급격한 변화에 저항하는 보수적인 사람들도 많았다.

이러한 사람들에게 그리스 · 로마 시대의 고전 문화는 급속한 발전에 대한 두려움과 불안을 받아들이면서 사람은 어떻게 살아야 하는지에 대한 의식과 함께 과거의 철학에 대한 깊은 향수를 불러일으켰다.

이러한 시대적인 배경 속에서 조사이어는 동업자인 벤틀리의 소개로 그리스 · 로마 시대 유물들을 화집으로 간행하는 윌리엄 해밀턴 경의 주최 모임에 참석하여 그곳 지식인과 교양인들과 교류하면서 고대 미술에 대한 인식을 점차 넓혀 나갔다.

조사이어는 이러한 모임에서 쌓은 인맥을 통하여 알게 된 당대의 유명 예술가들에게 다양한 고대 유물의 형태나 문양을 모사하거나 현대풍으로 재창조해 줄 것을 의뢰하였다.

또한 조사이어는 당시 그러한 장식용 도자기에 맞는 소재인 '재스퍼웨어(jasperware)'를 개발하려는 계획도 갖고 있었다. 이때 재스퍼웨어

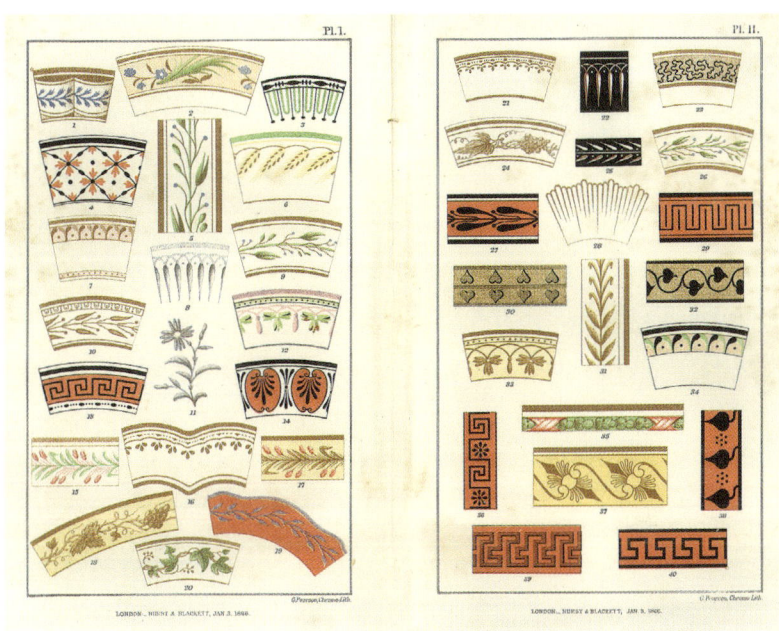

『조사이어 웨지우드의 일생(The Lite of Josiah Wedgwood)』(1866년)의 제2권에 수록된 조사이어의 디자인 그림.

라는 이름은 본래 초록, 노랑 파랑, 홍갈 등의 아름다운 색채에 변화를 보이는 석영의 일종, '재스퍼(jasper)'라는 광물에서 따온 것이다. 그런데 이 소재가 완성된 것은 한참 나중의 일이었다.

조사이어는 당시 지성인이었던 벤틀리로부터 크게 영향을 받아 자유로운 시대를 지향하는 경영자로서 미국의 독립도 찬성하였다. 또한 그들은 당시 기업가, 자연과학자, 지식인 등으로 구성된 '루나협회(Lunar Society)'의 회원으로도 활동하고 있었다.

이 루나협회는 1765년 영국 버밍엄에서 의사였던 이래즈머스 다윈(Erasmus Darwin 1731~1802) 등이 창설한 '디너 클럽'이며, 그 명칭은 한 달에 한 번 보름달이 뜨는 밤에 모임을 개최하였던 데서 유래하였다.

이같이 보름달 밤에 모였던 이유는 당시는 아직 가스나 기름을 사용하는 가로등이 정비되어 있지 않았기 때문에 대자연의 달빛으로 길을 밝혀 무사히 집으로 돌아갈 수 있도록 하기 위함이었다고 한다.

당시 루나협회에는 시대를 선도하는 사람들이 많이 속해 있었다. 증기 기관의 효율을 획기적으로 높인 과학자인 제임스 와트(James Watt 1736~1819)를 비롯하여 가스등 개발의 선구자인 윌리엄 머독(William Murdoch, 1754~1839), 자연철학자인 조지프 프리스틀리(Joseph Priestley, 1733~1804), 기계공학자 출신의 기업가로서 산업 혁명을 추진한 매슈 볼턴(Matthew Boulton, 1728~1809), 그리고 미국의 독립에 앞장선 정치가인 벤저민 프랭클린(Benjamin Franklin, 1706~1790) 등이다. 특히 조사이어는 프랭클린의 정치 활동에 적극적으로 동참하였으며, 이러한 배경으로 미국의 독립 전쟁에 대하여 연대하여 지지하는 서명자로까지 나섰다.

루나협회의 모임을 주최한 다윈은 웨지우드 일가의 주치의로도 활동하였는데, 조사이어의 자녀들이 세상에 태어날 때도 그가 돌보아 준 것으로 알려져 있다. 이러한 인연으로 조사이어의 장녀인 수재너 웨지우드는 훗날 다윈 가문으로 출가하였고, 웨이우드가와 다윈가는 상호 친척의 관계가 형성되었다. 이 루나협회는 다윈이 세상을 떠난 지 11년 만에 해산되면서 오늘날에는 전해지지 않고 있다.

한편, 영국 출신의 이민자들이 많았던 미국 동부의 보스턴 근교에 가면 수많은 신고전주의 양식의 건축물들이 늘어서 있는 모습을 볼 수 있다. 물론 거기에는 당대에 유행하였던 신고전주의 양식의 테이블웨어인 웨지우드 업체의 작품들도 종종 볼 수 있다. 이러한 웨지우드 업체의 작품들은 새로운 시대를 내다보는 높은 안목을 지닌 사람들의 사회적인 지위를 나타내는 장식품이었을지도 모른다.

러시아로 건너간
영국의 '픽처레스크' 양식

웨지우드 업체가 1770년에 러시아의 여제 예카테리나 2세에게 헌상한「허스크 서비스」는 엄청난 파급 효과를 낳았다.「허스크 서비스」에 매료된 예카테리나 2세가 1773년 상트페테르부르크의 '체스미 궁전(Chesme Palace)'에서 50인이 사용할 수 있는 디너용 도자기 세트 일체를 주문한 것이다. 이 세트를 이루는 단품의 가짓수만 무려 952점에 달하였다.

이 세트를 주문한 체스미 궁전은 당시 매립지에 건설되어 개구리가 많이 서식하는 늪으로 둘러싸여 있었기 때문에 사람들은 이 궁전을 '프로그 궁전(frog palace)'이라는 애칭으로 더 많이 불렀다. 이와 관련하여 웨지우드 업체에서는 납품하는 모든 도자기 테이블웨어 세트에 양다리를 쭉 뻗은 청개구리를 문양으로 그려 넣어 상품명을「프로그 서비스(Frog Service)」라 지었다.

신고전주의 양식의 시대적인 흐름 속에서 영국에서는 마침 그림과 같이 아름답고 고풍스러운 '픽처레스크(picturesque)'의 양식이 주목되었다. 귀족들도 한결같이 아름다운 풍경의 정원을 조성하고, 또한 그런 풍경을 찾아서 국내 여행도 활발하게 다녔다.

웨지우드 업체에서는 이 크고 작은 952점의 도자기 세트에 숙련된 도예 화가 33인을 투입하여 영국 각지의 유서 깊은 옛 성과 동굴, 궁전, 시골 풍경 등 그야말로 한 폭의 그림과도 같은, 즉 '픽처레스크'한 풍경을 정성을 기울여 그리도록 지시하였다.

또한 그림의 물감을 세피아의 단색으로 제한하여 낭만적인 정경(情景)이 풍기도록 제작하였다. 특히 수프 튜린(soup tureen)과 같은 뚜껑이 있는 그릇은 뚜껑 부분에 다른 풍경을 그리는 등 세세한 부분까지 치밀하게 신경을 써서 제작한 결과 최종적인 풍경 그림의 수만 무려 1244점에 이르렀다.

웨지우드 업체는 이「프로그 서비스」를 완성하는 데 약 3년의 세월이 걸릴 것으로 예상하였지만, 더 높은 홍보 효과를 노리기 위하여 제작에 착수한 즉시 다른 모든 주문은 거절하면서 약 1년 만에 대작을 완성할 계획을 세웠다.

결국 웨지우드 업체에서는「프로그 서비스」를 예정대로 1774년에 완성하였다. 이 디너용 도자기 세트의 당시 원가는 2612파운드였지만 예카테리나 2세에게 제시한 금액은 2700파운드였고, 웨지우드의 수익은 겨우 88파운드에 지나지 않았다.

물론 웨지우드 업체는 더 높은 금액을 제시할 수도 있었지만, 조사이어와 벤틀리는 당장 눈앞의 조그만 이익보다는 먼 미래의 더 큰 이익을 추구하였기 때문에 그와 같은 금액을 제기하였던 것이다.

조사이어는「프로그 서비스」가 완성될 무렵에 기존에 있던 뉴포트 스트리트의 전시장은 폐장하고, 그리크 스트리트(Greek Street)에서 새로운 전시장을 여는 것으로 결정하였다.

새로운 전시장의 개장 광고에는 러시아의 여제 예카테리나 2세에게 납품하기 전인「프로그 서비스」를 제한된 기간에만 전시한다는 내용

웨지우드 박물관에
전시된
「프로그 서비스」.
원본은 그림을 손으로
직접 그렸지만,
1995년~2000년에
동판 전사 버전으로
복원되면서
큰 화제가 되었다.

을 공지하였다. 자그마치 '1년간의 수주 중단', '새로운 전시장의 개장', '러시아 궁전 헌상품의 특별 한정 기간 전시'의 삼중 메시지의 홍보 효과로 인하여 전시장이 개장한 첫날에는 수많은 인파로 북적거렸다.

카탈로그를 들고
여행하는 세일즈맨!

토머스 벤틀리는 한마디로 참신한 '아이디어맨'이었다. 웨지우드 업체가 제품 카탈로그를 제작한 것도 그의 아이디어이다. 지금으로서는 매우 흔한 홍보 수단이지만 당시로서는 실물을 직접 가지고 다니는 방문 판매가 중심이었던 상황에서, 카탈로그의 제작은 매우 획기적인 방법이었다. 1773년부터 아름답고 잘 정리된 내용의 카탈로그를 가게에 비치하거나 고객에게 배포하여 재고가 없는 제품도 선주문을 받을 수 있게 되면서 생산 효율도 높아졌다.

그들은 상류층의 고객들이 지루하지 않도록 카탈로그의 내용에 관하여 연구를 거듭하였다. 그 뒤 미술 공예품으로서의 장식품과 생활용품으로서 테이블웨어의 두 분야로 나눠 카탈로그를 제작하였다. 그리고 영어뿐만 아니라 프랑스어, 독일어, 네덜란드어로 번역하여 유럽 대륙의 고객들에게 배포하였다.

카탈로그를 손에 든 세일즈맨은 유럽 전역을 여행하면서 웨지우드 도자기의 명성을 드높였다. 또한 조금 난폭한 영업 방식이지만, 고객의 취향을 파악한 뒤 완성품을 먼저 보내고 나서 다음과 같이 영업하는 행위도 성행하였다고 한다.

"마음에 들면 사용하십시오. 마음에 들지 않으면 인수하러 가겠습니다!"

그 뒤로「프로그 서비스」와 비슷한 풍경을 그린 크림웨어의 작품들은 웨지우드 업체의 대표적인 테이블웨어로 자리를 잡게 되었다. 나중에는 그림을 동판 전사 기법으로 찍어 내면서 고객층이 중산층에까지 확대되자, 이때부터 크림웨어는 '아름다우면서도 실용적인 도자기'라는 인식이 사람들의 뇌리에 강하게 남게 된 것이다.

오늘날「프로그 서비스」는 러시아의 에르미타주 박물관(Hermitage Museum)에 소장되어 있다. 영국 테이블웨어만 따로 진열한 전시실에는「프로그 서비스」외에도 웨지우드 업체의 많은 다른 작품들이 진열되어 있다.

그런데 에르미타주 박물관은 이른바 '세계 3대 박물관'으로서 전시실의 수만 1000여 개가 넘는 거대한 규모의 시설물이기 때문에「프로그 서비스」를 보기 위하여 방문하는 사람은 미리 전시실의 위치를 파악하고 가는 것이 좋다. 그 밖에도 관람할 만한 예술품들이 무궁무진하여 이곳을 방문하는 사람들은 시간적 여유를 충분히 갖고 감상하는 것이 좋다.

장식용의 아름다운 도자기, '재스퍼웨어'

과거에 찾아볼 수 없는 보석과도 같이 아름다운 도자기를 만들겠다는 다부진 꿈을 지녔던 조사이어 웨지우드는 약 4년 동안 1만 회에 가까운 실험을 반복한 끝에 마침내 1774년 자기에 가까운 스톤웨어(석기)를 바탕 소재로 한 '재스퍼웨어'를 탄생시켰다.

표면의 부조로 고대의 토담을 연상시키는 재스퍼웨어는 약 1200도 내지 1300도의 고온에서 약 36시간 동안 소성하여 완성되었다. 매우 높은 온도로 소성하기 때문에 흡수성과 투광성이 거의 없고, 유약을 바르지 않아도 물이 배지 않고 흘러내리는 '소수성(疏水性)'이 큰 특징이다.

부조 부분은 바탕 소재와 같은 성분의 도토(陶土)로 하나하나 틀에 넣어 성형한 뒤 물에 적셔 본체에 붙이고 한꺼번에 가마에 넣어 소성한다. 바탕색을 내기 위해 추가하는 안료에 따라 수축률이 미묘하게 달라지기 때문에 부조 부분을 결합하는 일은 매우 어려운 기술이 아닐 수 없다.

조사이어는 재스퍼웨어의 개발에 성공한 소식을 런던의 벤틀리에게 재빨리 전하였지만, 가공 기술이 외부로 유출될 것을 우려하여 두 통의 편지로 나누어 부쳤다.

웨지우드 본사에 병설된 웨지우드 박물관에는 재스퍼웨어의 개발에 성공하기까지 다양한 도전의 유물들이 전시되어 있다. 큰 캐비닛 서랍에는 수많은 재스퍼웨어의 조각들이 잘 보관되어 있는데, 그 하나하나에는 소성한 가마의 번호와 가마 내에 놓은 위치, 그리고 소성 온도 등에 관한 정보들이 상세히 기록되어 있다.

이를 통해 알 수 있는 사실은 재스퍼웨어의 성공은 결코 우연의 산물이 아니라 꿈을 반드시 이루겠다는 조사이어 웨지우드의 불굴의 정신이 낳은 산물이었다는 점이다.

재스퍼웨어는 1775년에 전시장에서 신제품으로서 발표되었다. '실용

4년 동안에 1만 회의 시험을 거쳐 완성된 '재스퍼웨어'. 이러한 시제품을 잘 보관해 두는 데에서 조사이어 웨지우드의 꼼꼼한 성격을 알 수 있다.

적인 아름다움'을 지닌 크림웨어와 '장식적인 아름다움'을 지닌 재스퍼웨어. 웨지우드 업체는 그 두 종류의 테이블웨어를 개발하면서 상류층에서부터 노동자층에 이르기까지 폭넓은 고객층을 확보하는 데 성공하면서 오늘날 영국을 대표하는 도자기 업체로 우뚝 서게 된 것이다.

갖가지 색상의 재스퍼웨어 수저. 부드러운 스톤 컬러는 벽 페인트의 색상으로도 인기였다.

재스퍼웨어로 제작된 메달은 브로치 등으로 가공되어 상류층 사람들의 옷 장식에 사용되었다.

아일랜드 더블린 지역의 웨지우드 룸. 아일랜드를 통치하던 영국 총독들이 당구를 즐긴 원형의 넓은 방이다. 웨지우드 업체의 재스퍼웨어 색조 그대로의 실내장식이 큰 인기이다. 벽에 걸린 명판도 물론 웨지우드 업체의 제품이다.

신고전주의를 불러일으킨
'폼페이 유적'

이탈리아의 고대 도시 폼페이(Pompeii)는 서기 79년 베수비오 화산의 폭발로 인하여 반경 12km에 걸쳐 광범위하게 화산재에 파묻혀 역사의 무대에서 완전히 사라졌다. 그러나 경석과 화산재에 파묻힌 덕분에 도시는 고스란히 보존되어 마치 어제까지 살아 있었던 듯한 모습으로 땅속에 남아 있었다.

18세기 초에 마침내 발견된 고대 도시 폼페이. 유적의 공식 발굴 작업은 1860년대부터 시작되었지만, 당시에는 관광객들이 자유롭게 산책할 수 있는 장소였고, 그랜드 투어에 나선 영국인에게 폼페이는 결코 빼놓을 수 없는 여행 버킷리스트였다.

폼페이의 거리에는 당시 상류층의 가옥들이 여러 채 보존되어 있다. 그중에는 아름다운 벽화가 그대로 남은 가옥도 있다. 오늘날 '폼페이 컬러'라고 하는 적토색, 연한 옐로, 핑크, 블루 … 이것이 정말 2000년 전의 것인가 의문이 들 정도로 선명한 색상에 관광객들이 놀라움을 자아낸다. 이러한 색상은 '스톤 컬러'라 하는데, 신고전주의 양식의 저택 외벽이나 내벽의 도장에 많이 사용되었다.

기원전의 유적에서 기둥과 직선, 줄무늬, 꽃 줄, 덩굴……. 신고전주의 양식의 상징이 된 다양한 모티브를 확인할 수 있다. 수많은 대리석, 프레스코, 모자이크 타일 등 고대에 이토록 높은 미의식을 지니고 생활하는 사람들이 있었다는 사실.

그러한 사실을 생각하면서 폼페이의 거리를 산책하면 고대 사람들의 숨결이 지금도 그대로 되살아나는 듯한 느낌이 든다. 18세기의 신고전주의 양식의 대유행, 블랙 버솔트와 재스퍼웨어 등의 웨지우드 업체의 작품을 생각하면서 걷는 폼페이의 산책은 상상한 것 이상으로 재미있고 감동적이다.

폼페이의 유적에 남아 있는 욕실 벽면 장식.

신고전주의 양식에서 빠뜨릴 수 없는 모티브인 아치형과 직선.

노예 해방에 앞장선 인권 기업, 웨지우드

스토크온트렌트와 상업 도시 리버풀을 연결하는 '트렌트·머시 운하'는 1766년에 착공되어 1777년에 마침내 개통되었다. 이 운하가 개통되면서 도자기 운송비는 기존 대비 85%나 절감되었으며, 도자기 산업계의 수익도 비약적으로 증가하여 지역 경제가 활성화되었다.

웨지우드 업체는 지역 경제의 활성화에도 크게 공헌하였고, 새로운 제품의 개발도 순조로웠지만, 1780년에는 안타까운 일도 발생하였다. 창업자 조사이어 웨지우드에게 오랜 친구이면서 적극적인 동업자였던 벤틀리가 49세의 젊은 나이로 세상을 떠난 것이다. 개인적으로는 일생

벤틀리는 런던의 치스윅(Chiswick) 지역 큐 가든 인근에 잠들어 있다. 비석에는 그의 넓은 견문과 사회 활동을 기리고 있다.

의 친구, 사업적으로는 둘도 없는 조력자인 벤틀리의 죽음은 조사이어에게 크나큰 슬픔을 안겨 주었다.

한편, 조사이어는 벤틀리의 유품들을 정리하면서 그가 생전에 읽은 노예제도의 폐지를 호소하는 팸플릿들을 보게 되었다. 이때 조사이어는 평생 친구인 벤틀리가 생전에 자신에게도 미처 말하지 못한 내용이 있었다는 사실에 충격을 받고 인권의 세계에 새롭게 눈을 뜨기 시작하였다.

그리고 회상을 통해 벤틀리는 항상 남을 배려하였고 평화를 사랑하였다는 점을 상기하면서 조사이어는 그가 구독하던 모든 잡지를 자신의 주소지로 받아 보았다. 그리고 노예해방협회에 가입하여 회원으로서 적극적인 활동을 펼쳤다.

1787년에는 노예 제도를 반대하는 정치인들이 서명에 나서는 운동을 시작하자, 조사이어는 사재를 들여서 하나의 메달 모양인 '메달리온(medallion)'을 제작해야겠다고 결심하였다. 그것은 '사슬에 묶인 노예의 모습'을 그린 이미지와 '저는 인간도, 형제도 아닌가요?'라는 문구를 담은 메달 형태의 소품이었다.

이는 노예해방협회의 당시 상징 마크이기도 하였다. 그는 이「노예 해방 메달리온」을 수천 개나 제작하여 고객들에게 무료로 직접 배포하였다. 특히 웨지우드 업체의 찻잔 세트를 구입하는 고객들에게는 노예의 노동력에 의존하지 않고 생산한 설탕을 사용하여 티타임을 즐겨 달라는 메시지까지 담았다.

이 메달리온은 노예해방협회의 회원이면서 루나협회의 일원이었던 미국의 정치가인 벤저민 프랭클린에게도 배송되었다. 사람들은 이 메달리온을 점차 모자에 꽂아 장식하거나 우산과 담배 지갑 등에 부착하여 액세서리같이 사용하였다. 조사이어가 벌인 이러한 노예 폐지의 사회 운동은 수많은 사람들을 감동시키면서 1791년까지 39만 명 이상의 서명서와 519건의 청원서가 의회에 제출되기에 이르렀다.

조사이어의 자유·평등·박애를 추구하는 인권 정신은 1789년 '프랑스 대혁명'에 대한 지지로도 이어졌는데, 웨지우드 업체에서는 프랑스 대혁명을 지지하는 의미의 메달리온도 제작하였다.

한편 노예 해방에 대한 조사이어의 이러한 사회적인 행보는 점차 메달리온의 제작에 머물지 않고 더 큰 폭으로도 이어졌다. 1791년 해방된 노예들을 대상으로 토지와 건물을 판매하는 업체인 '시에라리온(Sierra

인권 활동가들의 상징이 되어 수많은 문학 작품에도 등장하는 「노예 해방 메달리온」.

「노예 해방 메달리온」의 진품. 옆의 노예 소년의 피겨도 웨지우드 업체의 작품이다.

Leone)'이 설립되었을 당시에 주식을 적극적으로 구매하여 사회 활동가들의 운동을 적극적으로 지원한 것이다.

　오늘날 조사이어의 유품 중에는 당시 노예와 주고받은 내용과 노예제도의 폐지에 대한 강한 의지를 엿볼 수 있는 내용의 서신들이 남아 있다. 그리고 런던의 대영박물관, '빅토리아 앤 앨버트 박물관'을 방문하면 웨지우드 업체가 당시 제작한 「노예 해방 메달리온」의 진품도 전시되어 있다.

　그리고 2014년 웨지우드 업체 창립 250주년을 기념하는 전시장에서는 「노예 해방 메달리온」 작품을 한정 판매하는 행사도 있었다. 이 「노예 해방 메달리온」은 영국의 영화 「어메이징 그레이스(Amazing Grace)」나 아동 문학 『캣(Cat)』 시리즈 등 오늘날 다양한 매체 속에서도 종종 등장한다. 심지어 캐나다 옥션에서는 진품 보증서가 첨부된 「노예 해방 메달리온」 작품이 거래되기도 한다.

오직 한길로 매진한 장인의 상징, 「포틀랜드 항아리」!

　1786년 조사이어 웨지우드는 재스퍼웨어를 출시한 뒤 새로운 도전에 나섰다. 고대 유물인 「포틀랜드 항아리」 작품의 재현에 나선 것이다. 「포틀랜드 항아리」는 기원전 30년~20년경 고대 로마 시대 유리 공예의 중심지였던 이집트 알렉산드리아에서 기술을 배운 명장이 제작한 것으로 전해지는 고대 로마 유리, 즉 '로만 글라스(Roman Glass)' 공예의 최고 걸작품이다.

　이 「포틀랜드 항아리」는 1582년에 고대 로마 황제의 묘지에서 발굴되어 그동안 수많은 주인들의 손길을 거쳤지만 1783년 나폴리 주재 영국 대사로 있던 고미술품의 애호가 윌리엄 해밀턴 경이 구입하여 영국으로 들어왔다.

그 뒤 이 작품은 포틀랜드(Portland) 제2대 공작인 윌리엄 벤팅크(William Bentinck, 1709~1762)의 부인 마거릿 벤팅크(Margaret Bentinck, 1715~1785)에게 양도되면서 비로소 그 이름이「포틀랜드 항아리」로 불리게 된 것이다.

이 작품은 짙은 남색의 바탕에 유백색의 불투명한 유리를 카메오(cameo) 기법으로 고대 그리스 신화의 영웅인 펠레우스(Peleus)와 바다의 여신인 테티스(Thetis)의 '트로이 전쟁(Trojan war)'에 얽힌 이야기를 부조로 담고 있다.

윌리엄 해밀턴 경이 주최하는 모임에 출입하던 조사이어와 훗날 재스퍼웨어의 디자인「댄싱 아워(Dancing Hours)」등으로 유명한 영국의

대영박물관의 로마 부스에 소장된「포틀랜드 항아리」. 앞에 있는 원형 작품이 항아리 밑바닥이다.

존 플랙스먼이 디자인한「댄싱 아워」작품은 지금도 부동의 인기를 자랑한다. 앞쪽의 진남색은 훗날 '포틀랜드 블루'라 불리는 색상이다.

조각가 존 플랙스먼(John Flaxman, 1755~1826)은 우연한 기회에 이 작품을 본 뒤 그 훌륭함에 큰 감동을 받았다. 그 뒤 그들은 이「포틀랜드 항아리」를 '재스퍼웨어로 재현하고 싶다', '반드시 해야만 한다'고 결심한 것이다.

1786년 조사이어는「포틀랜드 항아리」를 공작으로부터 1년의 한정 기간으로 대여에 허락을 받았다. 그러한 시도는 처음부터 사람들로부터 큰 주목을 받았다.「포틀랜드 항아리」의 원본은 유리질이고 색상도 진한 남색이다.

재스퍼웨어로 '포틀랜드 블루'라는 새로운 남색을 내고, 여기에 백색의 부조를 붙인 뒤 유리 질감으로 재현하려고 심혈을 기울였지만, 그 작업은 실은 조사이어의 상상을 훨씬 더 뛰어넘는 일이었다.

그로 인해 조사이어는 공장에 남아 밤을 지새우는 경우가 많았는데, 급기야 1788년에는 과로로 쓰러지고 말았다. 의사는 장기간 휴식을 취해야 한다고 명령하였지만, 조사이어는 자신의 남은 수명을 고려하여 항아리가 완성될 때까지 결코 쉴 수 없다고 완강히 거부하였다.

그들은 약 4년의 세월에 걸쳐 1790년 마침내 검은색과 흰색의 재스퍼웨어를 사용하여「포틀랜드 항아리」를 최초로 복원하는 데 성공하였다. 이 복원된「포틀랜드 항아리」는 외부에 공개하지 않고 전시관에서만 볼 수 있었는

웨지우드 박물관에 있는 초기의「포틀랜드 항아리」의 재현품. 맞춤형 받침대는 밑면의 모티브가 보이도록 거울이 설치되어 있다.

데, 관람 예매권이 순식간에 동이 났을 뿐만 아니라 선주문도 무력 200여 건이나 들어왔다.

하나의 물건을 만들더라도 온갖 투지와 심혈을 기울이는 조사이어의 한결같은 자세는 웨지우드 업체에서 근무하는 장인들에게도 큰 귀감이 되었다. 그 뒤「포틀랜드 항아리」의 모습은 1878년부터 오늘날까지 웨지우드 업체의 로고로 사용되고 있다.

웨지우드의 재현 작업으로 지명도가 날로 높아진 진본「포틀랜드 항아리」는 1810년 포틀랜드 공작 가문의 호의로 대영박물관에 위탁 전시되었지만, 1845년 2월 7일 박물관을 방문한 취객에 의해 파손되어 버렸다. 그 취객은 방문 당시 만취 상태였으며,「포틀랜드 항아리」를 깰 고의성은 전혀 없었다고 한다. 당시 법률로는 오히려 박물관의 관리책임이 더 중요시되었고, 파손한 사람은 단지 이틀의 형기를 채우고 3파운드의 벌금을 낸 뒤 석방되었다. 그러나 이는 당시 영국 사람들에게 큰 충격을 안겨 주었다.

이 일로 고대의 유물인 진본「포틀랜드 항아리」는 약 200여 개의 파편으로 산산조각이 난 상태였다. 즉시 복원 작업이 진행되었지만, 불행하게도 37개의 작은 파편은 분실되고 말았다. 대영박물관의 복원팀은 곧바로 조사이어에게 연락하여 당시 업체에 보관하고 있던 진본「포틀랜드 항아리」의 상세한 디자인 도면과 업체에서 새로 복원에 성공한 항아리를 가져오도록 하여 복원 작업의 모델로 삼았다고 전해진다.

한편 대영박물관은 1945년 이 비극적인 항아리를 포틀랜드 공작 가문으로부터 정식으로 인수하면서 아울러 당시 새로 발견된 3개의 파편과 관련하여 복원 작업을 추가로 진행하였다. 그리고 1987년에는 고도로 발달한 기술로 재복원에 나서 미세한 파편들을 제외하고는 거의 모든 조각이 퍼즐과도 같이 맞춰졌다.

이 복원 작업은 오늘날에도 계속 진행되고 있는데, 약 150년 이상의 세월 동안 진본「포틀랜드 항아리」는 조금씩 그 원모습을 되찾아가는 중이다. 현재 웨지우드 박물관에는 재스퍼웨어와 마찬가지로 재현에 실패한 여러 개의「포틀랜드 항아리」복원품들이 전시되어 있다.

한편, 조사이어는 1790년 장남을 공동 사업자로 맞이하면서 세대교체를 진행하였다. 그리고 운명의 해인 1795년 주치의 이래즈머스 다윈으로부터 너트메그(nutmeg)(육두구)를 처방전으로 받은 뒤 치료를 위해 잠시 온천 여행을 떠나는 도중에 고열 증세에 시달리다가 그해 1월 3일 아내 세라가 지켜보는 가운데 생을 마감한 것이다. 그 뒤 그의 시신은 고향인 스토크온트렌드의 조그만 교회인 스토크 민스터(Stoke Minster) 묘지에 매장되었다.

조사이어 웨지우드가 영국 도자기 업계에 준 영향은 지대하였기 때문에 오늘날 사람들은 그를 가리켜 '영국 도자기의 아버지'라고 칭송하고 있다. 영국에서는 근면과 노력, 인류애로 가득한 그의 일생이 자라나는 아이들에게 입신양명의 거울로 삼는 이야기로 전해진다. 1863년 스토크온트렌트의 역전에는 그의 업적을 기려 동상이 세워졌는데, 손에는「포틀랜드 항아리」가 소중하게 쥐어져 있다.

스토크온트렌트 역전에
「포틀랜드 항아리」를 손에 든
조사이어 웨지우드의 동상이 서 있는 모습.
웨지우드 박물관의 부지 내에도
이 동상의 복제품이 설치되어 있다.

웨지우드가에 계승되는
창업가의 정신

위대한 초대 창업가의 서거에도 웨지우드가는 그의 정신을 계승해 나갔다. 1808년에 발표한 「다윈 워터릴리(Darwin water lily)」는 이름이 '수련'이지만, 실제로는 '연꽃'을 소재로 만든 작품이었다.

이 테이블웨어는 조사이어의 장녀인 수재너와 그녀의 부군인 로버트 다윈(Robert Darwin, 1766~1848)이 주문한 것인데, 왕립원예협회의 설립자로 초대 재무장을 역임한 장남인 존 웨지우드(John Wedgwood, 1766~1844)가 중심이 되어 제작하였다.

웨지우드 업체답게 수많은 사람이 부담 없이 구매할 수 있는 동판 전사를 활용하였기 때문에 「다윈 워터릴리」는 큰 인기를 끌었다. 그리고 창업 2세대는 1812년 파인 본차이나의 제작에 나섰다. 1815년에는 이마리 양식의 대유행을 타고 파인 본차이나에서도 일본풍의 「쿠타니 크레인(Kutani Crane)」의 디자인이 고안되었지만, 아쉽게도 당시에는 높

식물을 사실적으로 그린 「다윈 워터릴리」. 세트를 갖추면 그 광경이 압권이다.

이 평가되지 않았다.

이마리 양식이 크게 유행하였던 계층은 호화로운 저택을 소유한 일부 부유층이었던 반면, 중산층의 일반 가정집은 생활이 위주였기 때문에 「쿠타니 크레인」과 같은 장식적인 디자인은 어울리지 않은 것이다. 이는 신고전주의 양식도 마찬가지였다.

1823년에는 존 웨지우드와 존 웨지우드 3세(John Wedgwood III, 1795~1880)가 공동 경영자가 되었고, 1827년에는 사촌인 프랜시스까지 공동 경영자로 참여하면서 가족 경영 체제가 계속되었다. 시누아즈리(중국풍), 신고전주의 양식에서 벗어나기 위하여 1858년 웨지우드 업체는 프랑스 도자기 업체인 세브르에서 영국의 민턴 업체로 이적하여 활약하던 에밀 레소르(Émile-Aubert Lessore, 1805~1878)를 장식 디자인의 책임자로 영입하였다.

그의 작품은 로코코에서부터 바로크, 그리고 당시 유행하던 고딕 복고풍에 이르기까지 다방면에 걸쳐서 훌륭하였기 때문에 그 뒤 수많은 만국박람회에서 웨지우드 업체에 수상의 영예를 가져다주었다.

1874년 마침내 웨지우드 업체에서 오랜만에 히트 작품이 나왔다.

이마리 양식이 유행하던 19세기 초, 동양적인 소재를 모티브로 만든 작품들은 당시 도자기 업체에서 많이 제작되었다. 「쿠타니 크레인」은 그 뒤에도 여러 차례 복원되었다.

영국에서 16세기에 유행한 화려한 꽃장식과 깜찍하면서도 환상적인 사람과 동물의 모습을 담은 아라베스크 장식인 '그로테스크 문양'에 그리스 신화에 등장하는 상상의 동물인 그리핀(Griffin)을 혼재시켜 디자인이 매우 기발한 「플로렌틴(Florentine)」이다. 마침 20세기는 호텔과 레스토랑이 연이어 개업하여 공공장소에서 사용하는 테이블웨어도 이제는 품격이 높고 남녀 모두 공용하기도 쉬운 디자인이 요구되었다.

이러한 배경으로 웨지우드가 자랑하는 신고전주의 양식이 그 시대에 다시 받아들여지면서 1880년대 중국에서 유래한 분무 기법을 적용하여

「플로렌틴」은
남색, 청록색, 오렌지, 블랙, 핑크 등
다양한 색상으로 제작되었다.

가루 모양의 무늬는 신고전주의
양식의 건축재에서 빼놓을 수 없는
대리석으로 이미지화한 것이다.

가루 모양의 무늬가 화려한 '콜롬비아(Columbia)', 1912년에는 '울랜더(Ulander)'의 디자인을 발표하여 큰 호평을 얻었다.

웨지우드 업체는 1895년에 법인화된 뒤로 1930년에 웨지우드 5세(Wedgwood V, 1899~1968)가 이사로 취임하였다. 그리고 1940년에는 바를라스턴(Barlaston)에 공장을 세우기 시작하였다. 1949년도에 도자기 부문에서 본차이나 부문의 이전이 완료되었다. 그 이듬해 창업자인 조사이어가 처음 설립하였던 에트루리아 공장은 폐쇄되었다.

신공장의 생산 효율은 20배나 증가하였고, 전 세계를 상대로 판매 전략을 펼칠 수도 있었다. 그 뒤에도 웨지우드 업체는 1965년 「와일드 스트로베리(wild strawberry)」로 폭발적인 인기를 얻었고, 1966년에는 인기 여성 도예가 수지 쿠퍼(Susie Cooper, 1902~1995)를 영입하여 현대적인 새로운 디자인에도 과감하게 도전하였다.

오늘날 사용되는 로고인 'W'에는 「포틀랜드 항아리」의 모습이 숨겨져 있다. 초대 창업가 조사이어에서 끊이지 않고 계속되는 제작의 집념과 수많은 대중에게 아름다운 도자기 세트를 제공하려는 흔들리지 않는 혼을 상징하는 것이다.

1997년 이후 「포틀랜드 항아리」는 문자 'W' 안에 디자인되었다. 모르면 놓치기 쉬운 디자인이다.

'영국 도자기의 아버지'라는 조사이어는 자신의 도자기 제작과 관련하여 다음과 같은 인상적인 말을 남긴 것으로 전해지고 있다.

> 도자기를 만드는 목적은 여성을 깜짝 놀라게 하고, 즐겁게 하는 것이며, 그중에서도 여성이 기뻐서 어찌할 바를 모르게 만드는 것이 최고이다.

사용자의 웃는 얼굴이 떠오르는 테이블웨어 만들기. 이는 웨지우드 브랜드에서 오늘날에도 변함없이 진행되고 있는 것 같다.

'과학자'로서의
조사이어 웨지우드

조사이어 웨지우드는 '해양학자', '과학자'로서도 왕성하게 활동한 경력이 있다. 먼저 해양학자로서 조사이어는 조개(패류)를 전문적으로 연구하였다. 조개는 전통적으로 도자기의 인기 있는 모티브였지만, 신고전주의 양식에서는 실물에 더 가깝게 사실적인 묘사가 요구되었다.

조개를 상세하게 묘사하려면 그에 대한 풍부한 지식이 있어야만 가능한 일이었다. 따라서 조사이어는 자신이 수집한 수많은 조개들을 책상 서랍에 보관하였다고 전해진다. 그리고 이를 보면서 조개 모양의 접시를 만들거나 해양 생물의 조형이나 그림의 모티브로도 많이 활용하였다고 한다.

또한 과학자로서 조사이어는 1782년 당시로서는 획기적인 일로서 가마 속 온도를 측정하는 '고온계(pyrometer)'를 발명하였다. 이 온도계의 발명으로 가마 속의 온도 조절이 쉬워지면서 웨지우드의 생산성도 더욱더 향상된 것이다.

이러한 발명을 독점하지 않고 고향의 동료 도예가들에게도 소개하면서 큰 신뢰를 얻었다. 또한 이 발명의 공로로 조사이어는 영국 왕립화학협회의 회원으로도 선정되었다. 재스퍼웨어로 만든 유발(乳鉢)(막자사발)의 개발도 수많은 과학자에게 큰 도움을 주었다. 기존의 유발과 달리 물이 전혀 스며들지 않는 재스퍼웨어 유발 덕분에 수많은 과학자들이 진행한 실험의 효율성도 향상되었다.

조개를 모티브로 하는
작품 제작은
조사이어 웨지우드의
취향이었다.

―

크림웨어 접시
가장자리 부위의 커팅은
'셸 에지(shell edge)'라고
한다.

조사이어 웨지우드의 발명품인
유발(막자사발).
과학자들이 진행하는
실험의 효율을 향상시켰다.

제 4 장

영국 도자기 산업의 토대를 다진
'스포드'

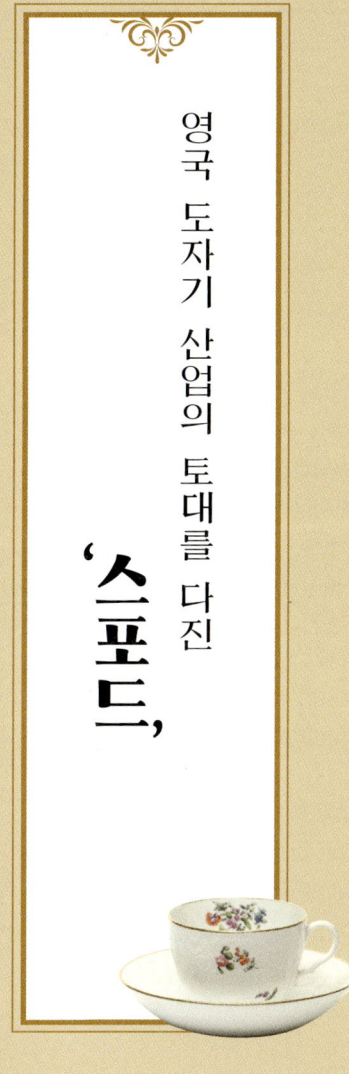

스포드 업체의 연혁

회사명	스포드 (Spode)
로고	Spode.
창립 연도	1770년
창립자	조사이어 스포드
주요 도예가	샤를 위르탕
대표 작품	동판 전사 인쇄술 자체 개발(1784), '윌로 패턴' 상품화(동판 전사 사용), 스토크 차이나(훗날 파인 본차이나)(1799) 개발 완성, 바나나 트리 패턴 상품화, 「블루 이탈리안」(1816), 「타워」, 「디저트·커피 서비스」, 「버터컵」, 「빌링슬리 로즈」, 「차이니스 로즈」, 「첼시 더비 시리즈」, 「크리스마스트리」(실 전사 기법 사용)
로열 워런트 인증 연도	1806년 인증, 섭정황태자(훗날 조지 4세) 1866년 인증, (빅토리아 여왕 아들, 훗날 에드워드 7세)
변천사	스포드 창립, 'W·T·코플랜드(1847)'로 회사명 개칭, 'W·T·코플랜드 앤 선스(1867)'로 회사명 개칭, '카보런덤 그룹'이 인수 (1966), '스포드'로 회사명 재개칭(1970), '로열 우스터'가 인수 및 회사명을 '로열 우스터 앤 스포드'로 개칭, 현재 영국 기업 '포트메리온 그룹'이 인수 및 합병

스토크 민스터 교회에 잠든
4인의 거장들

스토크온트렌트 역 근처인 스토크 민스터 교회의 묘지에는 위대한 '영국 도자기의 아버지'인 조사이어 웨지우드의 무덤이 있다. 철제 울타리로 둘러싸인 이 무덤에서 가까운 거리에는 이끼로 뒤덮인 눈에 띄지 않는 또 하나의 묘석이 있다.

이 묘석은 바로 조사이어 스포드(Josiah Spode, 1733~1797)를 비롯하여 스포드 2세(1755~1827), 스포드 3세(1777~1829)가 잠들어 있는 스포드 일가의 무덤이다. 이 교회 묘지는 낮에 모든 사람에게 개방되지만, 교회 내부는 신자 외에는 정해진 요일의 짧은 시간에만 개방되기 때문에 여행자들이 그 순간을 맞추기는 매우 어렵다.

스토크 민스터 교회의 묘지. 저쪽 울타리로 둘러싸여 있는 것이 '영국 도자기의 아버지'인 조사이어 웨지우드가 잠든 무덤이다.

스포드 일가의 묘석. 도자기 애호가들에게 이곳은 '성지 순례의 장소'이다.

교회 내부로 들어서면 민턴 업체의 자기 타일로 내부가 뒤덮인 장엄한 광경을 볼 수 있다. 시골에서도 작은 교회에 이 정도의 초호화 실내장식이 이루어져 있으리라고는 외관만 보아서는 결코 상상할 수 없다.

제단 옆에는 조사이어 웨지우드, 스포드 1세, 2세, 그리고 윌리엄 코플랜드(William Copeland, 1765~1826)의 위업을 기리는 기념비가 걸려 있다. 여기서는 그 4인의 거장들과 그중에서도 비교적 잘 알려지지 않은 코플랜드, 그리고 이 작은 스토크온트렌트 마을에서 일어난 위대한 기적을 소개한다.

스토크 민스터 교회 바닥에는 민턴 업체의 타일이 깔려 있다. 민턴 일가의 공적을 기리는 타일도 있다.

제단 좌우에는 많은 기념비들이 있는데, 사진은 조사이어 스포드를 기린 것이다.
맞은편에는 조사이어 웨지우드와 그의 아내인 세라의 공적을 기리는 기념비가 있다.

도자기 업체,
'스포드'의 탄생

　1733년 3월 23일, 조사이어 스포드는 스태퍼드셔주 펜턴(Fenton)의 레인델프(Lane Delph) 지역에서 태어났다. 그의 가정은 매우 가난하였으며, 6세 때 아버지를 여의어 어린 시절을 불우하게 보냈다. 생계를 유지하기 위하여 작은 도자기 공장에 잔심부름꾼으로 들어가서 일하였고, 동시에 용돈벌이를 위하여 바이올린을 연주하였다.

　이같이 조사이어 스포드는 음악적인 재능도 있었지만 1749년 16세가 되자 도공의 세계에 본격적으로 발을 내디뎠다. 당시 스포드가 취직한 곳은 현지에서도 꽤 유명하였던 토머스 웰던의 도자기 공장이었다. 매형이 그 도자기 공장에 토지를 임대하였던 것이 인연이 되어 들어간 것이었다.

　유명 도자기 공장에 수련생으로 들어간 스포드는 5년간 성실하게 일하면서 도예 기술의 기본을 터득하였다. 그런데 1754년 미래에 '영국 도자기의 아버지'로 추앙을 받게 될 조사이어 웨지우드가 공동 경영자로 영입된 것이다. 함께 일한 시기는 짧지만 같은 이름으로 출세한 조사이어 웨지우드로부터 스포드는 큰 영향을 받았다.

　그런 스포드는 1754년 엘런 핀리(Ellen Finley, ?~1802)와 결혼하면서 같은 지역의 도자기 업체인 '존 터너 앤 윌리엄 뱅크스(John Turner & William Banks)'로 이직하였고, 이듬해에는 스포드 2세를 얻었다.

　당시 스토크온트렌트에는 크고 작은 도자기 업체들이 난립해 있었다. 그러한 시대에 스포드는 미래에 창업을 꿈꾸며 인근의 공장을 전전하거나 친구인 윌리엄 톰린슨(William Tomlinson, ?~?)과 공동으로 가마를 빌려 가면서 행보의 폭을 넓혀 나갔다.

　마침내 1770년 무렵부터는 직접 소성한 도자기에 자신의 성인 '스포드(Spode)'를 백스탬프로 각인하기 시작하였다. 따라서 스포드 업체의 창립 연도는 1770년으로 오늘날 알려져 있다.

　1776년 스포드는 결혼 초기에 근무하였던 '존 터너 앤 윌리엄 뱅크스'를 인수한 뒤 존경의 대상이었던 동문 선배인 조사이어 웨지우드와 함께 트렌트·머시 운하에 투자하였다. 1777년 마침내 운하가 개통되면서 도자기 업계의 생산성이 비약적으로 성장하였다. 스토크온트렌트에 기반을 둔 도자기 업체의 제품들은 이때부터 유럽과 미국으로 그 판로를 확장해 나갔다. 물론 스포드 업체도 마찬가지였다.

　1778년 여느 업체와 마찬가지로 스포드 업체에서도 런던에 전시장을 개장하였다. 조사이어 스포드는 자녀인 스포드 2세에게 전시장의 관리를 맡겼다. 스포드 2세는 스토크온트렌트에서 아버지가 만든 도자기를 런던에서 판매할 뿐만 아니라 전시장에 출입하는 고객들의 요구 사항들을 수시로 공장에 전하였다. 당시 스포드 업체의 제품은 도자기와 석기가 주를 이루었는데, 이는 중산층과 노동자 계층을 판매의 대상으로 삼았기 때문이다.

'동판 전사'와 '본차이나' 기술의 완성!

　앞서 설명하였듯이, 1780년대에 들어서면서 신고전주의 양식이 유행하기 시작하였다. 바로크 양식의 동양적인 디자인에서부터 시작된 '블루 앤 화이트' 양식의 테이블웨어가 최신 실내장식에 어울리지 않게 되면서 스포드 업체의 매출도 정체되었다.

　반면 웨지우드 업체는 새로운 소재인 재스퍼웨어를 완성하여 신고전주의 양식의 작품들을 잇달아 선보이면서 상류층으로부터 점차 인정을 받기 시작하였다.

또한 처음부터 왕가나 귀족들을 고객층으로 삼았던 더비 업체도 당시 동판 전사 인쇄술로 전향해 가던 작풍을 다시금 손으로 그리는 작풍으로 되돌려 왕가와 귀족들로부터 깊은 사랑을 되찾았다. 이와 함께 당시 더비 업체는 국왕인 조지 3세로부터 '크라운(Crown)'을 백스탬프에 각인할 수 있는 허가를 받으면서 그 명성은 더욱더 치솟았다. 한마디로 신고전주의 양식의 대유행은 스포드 업체에 큰 타격을 준 셈이었다.

조사이어 스포드는 경영과 디자인의 방향성에 대하여 깊은 고심에 빠졌지만, 정작 그를 구해 준 것은 동문 선배인 조사이어 웨지우드의 다음과 같은 한마디의 조언이었다.

> 상류층 사람들이 신고전주의 양식에 열광하는 것은 분명한 사실이지만, 그것이 아직 중산층에게는 손이 닿지 않을 것이다. 그들은 오히려 상류층에 대한 동경 의식으로 시누아즈리(중국풍)의 '블루 앤 화이트'를 원할 것이다. 블루 앤 화이트 양식의 테이블웨어 인기는 적어도 네가 살아 있는 동안에는 식지 않을 것이다.

조사이어 웨지우드의 조언대로 1780년대 영국에서는 중산층의 티 수요가 증가하여 동인도 회사가 중국으로부터 수입해 오는 티의 양도 해마다 늘어났다. 티의 관세를 감면하면서 티의 국내 가격도 하락하여 이제는 상류층에서뿐만 아니라 중산층에서도 일반 가정에서 티타임을 즐길 수 있게 되었다. 이에 따라 티를 준비하는 찻잔 세트의 수요도 점차 증가하였다.

이러한 시대적인 배경 속에서 스포드 업체는 티를 마시는 문화에 대한 동경 의식을 지니고는 있지만 값비싼 수입품인 정통 동양 도자기를 정작 구입하기는 어려운 중산층과 노동자 계층을 대상으로 하여 진품

동판 전사 인쇄술에 사용하는 동판. 오늘날에는 니켈로 도금하여 제작하는 경우가 많아서 하나의 동판으로 인쇄하는 전사지의 매수도 늘어났다.

1 특수 물감을 주걱으로 바르고 불필요한 부분을 제거한다. **2** 한 장 한 장 수작업으로 찍어 낸다. 자동 기계로 인쇄하는 것이 아닌 만큼, 색상이 균일하지 않은 것도 동판 전사 기법만의 재미있는 요소이다. **3** 달군 철판 위에 동판을 놓고 데우면서 전사지를 떼어 낸다. **4** 전사지를 그릇의 크기에 맞춰 잘라 물을 묻혀 그릇에 붙인다.

에 가까울 정도로 훌륭한 '블루 앤 화이트'의 테이블웨어를 만들 계획을 세우고 기술 개발에 착수하였다. 이로써 1784년에 완성된 것이 바로 '블루 앤 화이트' 양식 테이블웨어의 '동판 전사'의 인쇄술이었다.

블루 앤 화이트 양식의 동판 전사는 크롬으로 도금한 동판에 조각가가 그림을 새겨 넣고, 여기에 푸른색의 무기금속산화물인 코발트 물감을 솔로 바른 뒤 비눗물에 적신 얇은 종이에 찍어 인쇄한다.

그렇게 인쇄한 종이를 애벌구이한 도자기에 붙인 뒤 약간 물기를 함유한 솔로 문질러 부착시킨다. 그 위로 유약을 바른 뒤 가마에서 높은 열로 소성하면 종이에 그려진 도안이 도자기의 표면에 인쇄되는 것이다.

하나의 동판으로 같은 그림의 접시를 약 300개 정도 생산할 수 있는데, 이는 손으로 직접 그리는 도예 회화에 비하면 획기적인 기술이었다.

당시 '버드나무 문양'이라는 뜻의 '윌로 패턴(willow pattern)', 즉 산수화를 소재로 그린 디자인이 도자기 업계에서 유행하였다. 스포드 업체도 동판 전사를 활용하여 윌로 패턴의 도자기들을 상품화하였다. 그리고 더 나아가 동양풍의 작품들뿐만 아니라 유럽풍의 작품들도 제작하였다.

초기의 '윌로 패턴' 양식의 작품. 오늘날 잘 알려진 패턴과는 약간 다르다.

19세기 유행하였던 신고전주의 양식의 작품.

「블루 이탈리안」 작품의 전사지.

가마에서 고온으로 소성하여 회색이 파란색으로 발색한 모습.

예를 들면 신고전주의 양식을 겨냥한 그리스 항아리, 로마의 정경, 중동의 경치 등 이국적인 정서가 물씬 풍기는 작품들이었다. 이러한 도자기들은 해외여행은 꿈도 꾸지 못하는 사람들에게 낯선 풍경을 상상시키는 데 큰 도움을 주었다.

1816년 스포드 업체에서는 상품의 가장자리에 동양적인 무늬를 배치하고 가운데에는 로마의 풍경을 그린 디자인의 테이블웨어인 소위「블루 이탈리안(blue Italian)」작품도 탄생하였다. 이같이 스포드 업체에서 제작한 블루 앤 화이트 양식의 테이블웨어들은 조사이어 웨지우드가 예언한 대로 중산층과 노동자 계층으로부터 깊은 사랑을 받았다.

한편, 자체적으로 동판 전사 인쇄술을 완성한 1784년 스포드 2세는 동향 출신인 윌리엄 코플랜드 (William Copeland, 1765~1826)를 고용하였다. 코플랜드는 당시 나이가 19세였지만 상술에 천부적인 재능을 보였다. 윌리엄 코플랜드는 마차를 타고 여행을 다니면서 그저 상품을 보여 줄 뿐이지만, 결과적으로는 그 상품뿐만 아니라 찻잔에 티를 따라 고객에게 서비스하면서 티도 판매하는 일거양득의 상술을 펼쳐 큰 수익을 올릴 정도였다.

1770년대 제품의 생산 확대를 노려 스포드 업체는 양질의 석탄 연료가 생산되는 장소로 공장을 이전하였고, 또한 장래에 주문이 늘어날 것으로 내다보고 런던의 매장도 새롭게 단장하였다.

1797년 창업가인 조사이어 스포드가 병환으로 세상을 떠나면서 스포드 2세가 스토크온트렌트의 공장으로 돌아가 업무를 총괄하였다. 그곳에서 10년 이상 영업과 사무를 진행하였던 코플랜드를 공동 사업자로 영입하고 런던에서의 사업을 맡겼다.

고향의 공장으로 돌아온 스포드 2세는 아버지가 생전에 연구하였던 본차이나를 개발하는 일에 몰두하였다. 1709년 독일 작센주의 마이센(Meissen) 지역에서 중국에서 유래한 도자기의 제조 방법이 확립된 뒤로 유럽에서는 그 제조 방법에 따라 경질 도자기를 중심으로 생산하였다. 그러나 영국에서는 도토의 주된 원료인 고령토가 산출되지 않아 도자기를 생산하는 일은 꿈도 꾸지 못하는 일이었다.

그런데 1748년 보 업체의 토머스 프라이(Thomas Frye, 1710~1762)가 소뼈를 재료로 추가하여 반투명한 연질 도자기를 소성하는 방법의 기초를 확립하였다. 그러나 이 초기 본차이나의 기술로는 상품화의 길이 멀고도 험한 상태였다. 그 뒤 여러 도자기 업체에서는 흙, 돌, 골회(bone ash)(뼈를 태우고 남은 백색의 잿가루)의 혼합 비율과 가마의 소성 온도, 그리고 골회를 만드는 방법 등에 관해 연구를 진행하였다.

그러한 가운데 스포드 2세는 초기 본차이나 기술에서 도토의 혼합비를 달리하면서 반복적으로 실험하여 최상의 결과를 도출하였는데, 점토 25%, 콘월 산지의 부싯돌과 돌인 콘왈라이트(cornwallite) 25%, 소 골회 50%의 도토 혼합비를 확립하였다. 이때 소성 온도는 1000도~1150도를 이상적인 온도로 규정하였다.

스토크 차이나(훗날 파인 본차이나)의 모습. 새로운 도토 소재의 개발로 얇고 단단하고, 그리고 빛을 투과시키는 멋진 그릇을 만들 수 있었다.

이는 경질 자기의 소성 온도인 1300도~1400도보다 더 낮았기 때문에 금속 광물을 함유한 안료나 물감의 퇴색을 억제할 수 있었다. 따라서 도자기에 그림을 그리는 데 사용하는 물감에서 선택의 폭이 훨씬 더 넓어진 것이다.

1799년 스포드 업체는 백색을 띠면서 투명성이 높은 '스토크 차이나(Stoke China)'(스토크온트렌트의 도자기라는 뜻)를 완성하였는데, 이것이 훗날 실용화되는 '파인 본차이나(fine bone china)'였던 것이다. 그 뒤 파인 본차이나의 도토 혼합비는 영국 도자기 산업계에서 기본 혼합비로 수용되면서 수많은 업체에 공유되었다.

'본차이나'라는 새로운 자기를 소재로 하여 스포드 업체는 이제 당시 크라운 더비 업체가 자랑스럽게 선보였던 이마리, 로코코 양식의 작품들도 생산할 수 있었다. 또한 동판 전사의 작품들의 고객층 외에도 다른 고객층을 겨냥하여 작풍을 펼쳐 나갔다.

엠보싱이 아름다운 본차이나 작품. 청초한 로코코 양식은 중산층으로부터 애프터눈 티용으로 많은 사랑을 받았다.

유행 따라 많이 제작된 이마리 양식의 작품들. 이 사진은 당시 '바나나 트리'로 불리던 패턴이다.

상류층에 다가간
'코플랜드 시대'의 차이나

    훌륭한 발명으로 영국 도자기 업계에 획기적인 발전을 가져다준 스포드 2세였지만 개인적으로는 큰 불행을 맞기도 하였다. 1802년에 아들인 윌리엄 스포드(William Spode, ?~?)가 돌 분쇄기에 팔이 말려 들어가면서 결국 한쪽 팔을 잃고 말았다. 도공으로서는 더 일하기가 어려워진 윌리엄 스포드는 런던의 공동 사업가인 윌리엄 코플랜드와 협력 체계를 맺고 스토크 차이나의 영업에 주력하였다.

    1806년 어느 날 그런 윌리엄 스포드에게 매우 큰 손님이 찾아왔다. 그 손님은 바로 이마리 양식을 사랑하였던 섭정 황태자로서 훗날 조지 4세의 국왕이 될 사람이었다. 스포드 업체가 스토크 차이나를 발명한 것에 크게 감격한 섭정 황태자는 스토크온트렌트의 도자기 공장을 직접 둘러본 뒤에 왕실 조달 허가증인 로열 워런트를 수여하였다.

    이러한 영예를 안으면서 스토크 차이나 제품의 수요는 크게 증가하였다. 이는 다른 도자기 업체가 나폴레옹 전쟁의 영향으로 수출에 차질이 생겨 큰 타격을 입은 것과는 사뭇 대조적이었다. 이리하여 스포드 업체의 매출은 증가하여 주가도 덩달아 상승하였다.

    그러나 한쪽 팔을 잃은 뒤 병치레가 잦았던 윌리엄 스포드는 건강을 유의하여 1811년 12월 말에 런던 사업의 모든 권리를 윌리엄 코플랜드에게 매각한 뒤 은퇴하였다. 이듬해에는 스포드 2세와 윌리엄 코플랜드가 1 대 3의 지분 비율로 새로운 사업도 제휴하였다.

    도자기 부문에서는 동판 전사의 신제품들이 출시되었는데, 로마 교외의 '살라리오교(Salario Bridge)'를 그린 작품 「타워(Tower)」와 「블루 이탈리안(Blue Italian)」 작품이 대표적이다. 그리고 블루 앤 화이트의 색상이 주를 이루었던 동판 전사의 염료에 새로운 녹색인 '크로뮴옥

다양한 색상의 제품들을 출시하여 노동자층의 식탁을 화려하게 만든 스포드 업체의 작품들.

사이드그린(Chromium Oxide Green)'의 물감을 개발해 도입하면서 업계에 큰 화제를 불러일으켰다. 그 뒤 스포드 업체는 핑크색의 도자기 물감을 개발하는 데에도 성공하였다.

유약을 바르기 전에 밑그림칠로 그린 그림은 도자기를 소성한 뒤에도 칼이나 포크로 쉽게 긁히지 않기 때문에 일상의 테이블웨어로 사용할 수 있었다. 또한 큰 저택에서는 가문의 문장을 그린 테이블웨어 세트를 주문하는 일도 많았다. 더욱이 위생 식기로도 훌륭하였기 때문에 군사용으로 대량으로 발주되어 스포드 업체에서는 매출이 끊이질 않았다고 한다.

한편 스토크 차이나 부문에서도 스포드 업체는 시장에서 큰 호평을 받으면서 폭넓은 계층을 대상으로 수많은 작품을 제작하였다. 이 시대에 스포드 업체에서 생산한 스토크 차이나의 제품들이 런던에 위치한 '빅토리아 앤 앨버트 박물관'의 영국관에 전시되어 있는데, 그야말로 상류층이 좋아할 만한 느낌의 디자인이다.

1824년에는 윌리엄 코플랜드의 장남인 윌리엄 테일러 코플랜드 (William Taylor Copeland, 1797~1868)가 스포드 업체의 경영에 참여하였다. 2년 뒤 부친인 윌리엄 코플랜드가 세상을 떠나자 스포드 업체에 대한 지분은 윌리엄 테일러 코플랜드가 승계하였다.

또 한편 1827년에는 창업 일가의 스포드 2세도 유명을 달리하였고, 이미 은퇴한 그의 아들 윌리엄 스포드도 업체에 복귀하였지만 무리한

빅토리아 앤 앨버트 박물관에 전시된 스토크 차이나의 수제 작품. 손으로 직접 그린 꽃과 색상의 아름다움이 압권이다.

탓인지 1829년 영면에 들었다. 이와 같은 불행의 연이은 소식에 스포드 업체는 동요하기 시작하였다.

1833년에는 지분에 대한 협상을 거듭한 끝에 윌리엄 테일러 코플랜드가 스포드 일가로부터 모든 지분과 권리를 물려받았다. 오랫동안 영업일을 진행하였던 토머스 개럿(Thomas Garrett, ?~?)을 새로운 주주로 맞아 코플랜드와 개럿의 공동 경영 체제가 형성되었다.

그리고 사업의 새로운 체제가 갖추어진 당일에 코플랜드 일가와 개럿 일가의 사람들은 소를 잡아서 구워 먹고 남은 골회를 사용해 기념 컵과 트로피를 만들었다는 일화도 전해진다. 그러나 아쉽게도 그러한 작품들은 오늘날 종적이 묘연한 상태이다.

한편 윌리엄 테일러 코플랜드는 1829년부터 도자기 업체의 경영자로 활동한 일 외에도 지역 주교구의 의원으로도 활동하였는데, 1835년에는 35세의 젊은 나이에 런던시장에 취임하였다. 정치인, 경영자로서 다재다능하였던 그는 철도회사의 경영에 참여하거나 학교법인의 이사를 역임하는 등 사회 활동을 다방면으로 펼쳤다.

이 코플랜드 일가의 사회적인 영향력으로 코플랜드와 개럿이 경영하는 업체의 스토크 차이나는 상류층에 대한 영업이 훨씬 더 쉬워졌다. 이 때부터 그동안 사용해 온 '스토크 차이나'라는 명칭을 본격적으로 '파인 본차이나'로 바꾸어 나갔다. 1846년에는 패리언 도자기의 생산에도 나섰다. 그리고 1847년 개럿이 은퇴하자, 회사의 모든 권리가 윌리엄 테일러 코플랜드로 넘어가면서 회사명도 'W·T·코플랜드'로 개칭되었다.

1851년 런던의 만국박람회를 관람한 윌리엄 테일러 코플랜드는 독

유리, 금, 그리고 형형색색의 꽃이 화려하여 상류층 취향인 스포드 업체 작품.

자포니즘과 아르누보가 융합하여 상류층을 겨냥한 아름다운 작품.

일의 마이센, 프랑스의 세브르 등의 업체에서 도자기에 그린 꽃 그림의 예술적인 완성도에 큰 충격을 받았다. 그 충격으로 곧바로 세브르 업체로 달려가서 도예 화가인 샤를 위르탕(Charles Ferdinand Hürten, 1822~1901)에게 자유로운 작품 활동을 보장하고 고액의 연봉을 제시해 과감하게 영입하였다. 이 시대에는 성과급 제도가 일반적이었기 때문에 그러한 영입은 당시로서는 매우 파격적인 대우였다.

위르탕도 그러한 기대에 부응하여 1863년 빅토리아 여왕의 아들, 훗날 에드워드 7세(Edward Ⅶ, 1841~1910)의 국왕이 될 왕세자에게 결혼 기념물로 「디저트·커피 서비스」를 헌상하였다.

이 서비스는 총 196점으로 구성된 도자기 세트로서 무려 3년의 세월

프랑스 도자기 업체 세브르에서 영입된 위르탕의 작품. 그의 독특한 세계관을 엿볼 수 있다.

에 걸쳐 심혈을 기울여 제작한 작품이다. 이러한 인연으로 도자기 업체 W·T·코플랜드는 1866년 왕세자로부터 왕실 조달 허가증인 로열 워런트를 받는 영예를 얻었다.

사업의 경영이 확대되면서 1867년부터는 윌리엄 테일러 코플랜드의 아들들이 사업에 참여하였는데, 이때부터 업체명이 'W·T·코플랜드 앤 선스(Copeland & Sons)'로 변경되었다. 장남은 도예 화가, 차남은 런던의 매장 관리자, 셋째, 넷째는 스토크온트렌트의 공장 관리자로서 온 가족이 함께 협력하면서 사업도 크게 성장하였다.

그런데 1868년 윌리엄 테일러 코플랜드도 유명을 달리하였다. 그러나 아들들은 업체명을 바꾸지 않고 고스란히 승계하였다. 그 당시 도자기 부문에서는 군대, 병원, 철도업체 등의 주문이 매출의 다수를 차지하고 있었다.

또한 파인 본차이나 부문에서는 상류층을 대상으로 하는 특별 전시관에 출품하여 판매하는 일 외에도 백화점 특별전이나 보석 전시회에도 출품하여 큰 인기를 끌었다. 그러한 제품들에는 업체명 외에도 그때그때 상황에 따라서 '코플랜드 레이트 스포드(Copeland late Spode)'라는 백스탬프도 찍었다.

『빨강머리 앤』의
「버터컵(buttercup)」 시리즈

1910년대 스포드 업체의 후신인 W·T·코플랜드 앤 선스는 톰슨(Thompson) 업체와 제휴한 뒤 미국에서는 '코플랜드 앤 톰슨(Copeland & Thompson)'의 회사명으로 제품을 수출하기 위하여 많은 시도를 벌였다. 캐나다에서는 던컨(Duncan) 업체와 제휴한 뒤 '코플랜드 앤 던컨(Copeland & Duncan)'의 회사명으로 판로를 개척하였다.

그런데 이 시대에는 캐나다에서 루시 모드 몽고메리(Lucy Maud Montgomery, 1874~1942)에 의해 1908년 탄생한 소설 『빨강머리 앤』(원제: Anne of Green Gables) 시리즈가 큰 인기를 누렸다.

그러한 인기로 오랜 세월에 걸쳐 오늘날까지 여러 차례 영화로 제작되어 상영된 작품이지만 최근에는 3부작으로 상영되었다. 그중 마지막 편인 『빨강머리 앤의 졸업』(2017년 개봉) 속에서는 1924년에 발표되어 미국과 캐나다에서 큰 인기를 누린 W·T·코플랜드 앤 선스의 테이블웨어인 「버터컵(butter cup)」 시리즈가 소품으로 사용되었다.

원작은 고아 소녀인 앤 셜리(Anne Shirley)가 캐나다 본토에서 프린스에드워드섬의 매슈(Matthew), 마릴라 커스버트(Marilla Cuthbert) 남매 가정에 입양되어 살면서 이야기는 진행된다.

처음 교회에 가는 장면에서 장식이 없는 수수한 모자를 허전하다고 생각한 앤이 길가에 피어 있는 버터컵 꽃을 꺾어 모자를 꾸미면서 빈축을 사는 장면이 등장한다. 그리고 『빨강머리 앤』의 팬들에게는 매우 특별한 향수를 불러일으키는 버터컵 꽃이 그려진 테이블웨어가 영화 속에서 등장하여 사람들을 추억의 시절로 떠나게 만드는 장면이다.

폭발적인 인기를 얻었던 테이블웨어인 「버터컵」 시리즈의 접시.

20세기는
도자기 브랜드의 부활 시대?!

1930년대에는 더비에서 우스터를 거쳐 콜포트로 아름다운 백자 도자기를 찾아 전전하던 18세기 후반의 거장 도예 화가 윌리엄 빌링슬리를 추앙하는 의미에서 「빌링슬리 로즈(Billingsley rose)」 작품이 큰 인기를 끌었다.

그리고 스포드 업체의 시대 시누아즈리풍의 작품에 영향을 받은 「차이니스 로즈(Chinese rose)」도 높은 평가를 받았다. 또한 더비 업체가 첼시 업체를 인수하였을 무렵에 제작되었던 피겨들을 다시 「첼시 더비 시리즈」로 발표하였다.

스포드 업체의 테이블웨어 시리즈인 「빌링슬리 로즈(Billingsley rose)」는 일반 대중용이기 때문에 동판 전사 작품이다.
그러나 그 아름다운 조형미로 오늘날에도 앤티크 시장에서 인기가 매우 높다.

「첼시 더비 시리즈」의 피겨들은 분위기가 소박하여 일반 대중을 위한 동판 전사 작품과도 잘 어울린다.

이 당시에는 수출국 국민의 요구도 약간씩 달랐기 때문에 시장을 세 부분으로 구분하여 전략적으로 대응하였다. 북미 수출용으로는 현대적이면서 심플한 작품, 영국 노동자 계층을 대상으로는 스포드 업체의 시대풍인 '블루 앤 화이트' 양식의 작품, 영국을 포함한 유럽 상류층, 중산층에 대해서는 화려한 파인 본차이나의 전통 디너 서비스의 작품을 마련하였다. 당시 이렇게 폭넓게 고객층을 대상으로 작품을 제작하는 도자기 업체는 스토크온트렌트에서도 매우 드물었다.

제2차 세계대전이 일어나기 직전에는 「크리스마스트리」라는 브랜드의 작품이 탄생하였다. 크리스마스에 사용하는 테이블웨어는 온 가족이 함께 사용하는 것으로 아이들도 사용할 수 있을 정도로 낮은 가격대가 요구된다. 따라서 W·T·코플랜드 앤 선스는 동판 전사가 아니라 최신의 실(seal) 전사 기술을 사용하여 생산비를 절감하였다.

디자인 문양으로 그려진 크리스마스트리에는 제등이 달려 있기 때문에 어딘가 낯설고 이국적인 분위기가 풍긴다. 영국의 크리스마스에서 결코 빼놓을 수 없는 크리스마스 크래커와 겨우살이도 당연히 그려져 있다.

유심히 보면 알 수 있는 자포니즘풍의 작품인 「크리스마스트리」.
영국인들의 감성에 감탄할 정도이다.

「크리스마스트리」 작품의 전사 스티커.

이 시리즈는 본래 미국, 캐나다 수출용으로 제작된 것이지만 나중에 영국에서도 크리스마스용 테이블웨어의 기본 상품이 되었다.

제2차 세계대전 동안 정부의 명령으로 국내에서 판매하는 제품은 백자에 한정되었지만, '수출하지 않으면 파산한다'는 슬로건을 내걸고 그림을 그렸던 테이블웨어는 대양 너머로 판매되었다.

그런데 북미에서 아직 인지도가 낮았던 W·T·코플랜드 앤 선스는 제품의 카탈로그에 스포드 창업의 역사와 업적을 자세하게 소개하였다. 그런데 의도와는 달리 북미 사람들은 그 상품이 스포드 업체가 제조한 것이고, W·T·코플랜드 앤 선스는 단순히 수입 판매원일 뿐이라는 오해를 초래하였다.

이러한 배경 속에서 1966년 코플랜드 일가가 경영권을 '카보런덤 그룹(Carborundum Co.)'에 넘긴 것을 계기로 창업 200주년을 맞이한 1970년에 회사명을 다시 '스포드(Spode)'로 되돌렸다. 당해 런던 로열 아카데미에서 개최된 대규모의 전시회에는 엘리자베스 2세 여왕의 여동생인 마거릿 로즈 공주(Margaret Rose, 1930~2002)와 딸인 앤 루이스 공주(Anne Elizabeth Alice Louise, 1950~)도 참석해 사람들의 눈길을 끌었다.

그러나 예전만큼 큰 세트로 테이블웨어를 구입하는 사람이 거의 없는 요즘 시대에 대중적인 도자기 부문과 고급품인 파인 본차이나 부문의 양립은 경영적으로도 매우 어려웠는데, 결국 스포드 업체는 2000년에 '로열 우스터' 업체에 매각되기에 이르렀다.

한편 본차이나만을 제조하였던 모기업인 로열 우스터 업체는 도자기 부문에서 생산비 절감에 대한 강한 경영상의 압박을 받고 있었다. 그 타개책으로 중국에서 주문자생산방식(OEM)으로 생산을 진행하였지만, 아쉽게도 제품의 품질까지 떨어지면서 결국 2008년에는 도산을 맞았다. 오늘날에는 포트메리온 그룹이 그러한 로열 우스터 업체를 인수하여 스포드 브랜드를 부활시켰지만, 본래 스포드 업체의 공장은 지금도 폐쇄된 상태로 남아 있다.

스포드 업체의 옛 공장 곁으로 지나는 도로명은 코플랜드 스트리트(Copeland Street)이다. 옛 공장의 방문자센터로부터 도자기 업계의 거장들이 잠들어 있는 스토크 민스터 교회의 묘지까지는 코플랜드 스트리트를 따라서 걸으면 10분도 채 걸리지 않는다.

영국 도자기의 역사를 사전에 약간이나마 숙지하고 이곳을 방문하면 스포드 일가의 경영이 3대에서 단절된 것이 큰 아쉬움을 주지만, 또 한편으로 그 뒤를 이은 코플랜드 일가가 창업가인 스포드 일가에 대한 존경심을 반영하여 도자기의 밑면에 '코플랜드 레이트 스포드(Copeland late Spode)'라는 백스탬프를 찍은 것을 생각해 본다면 그러한 아쉬움도 곧 누그러질 것이다.

스포드 기록보관소

스포드 업체는 도산하기 전인 1987년부터 독립적인 자선신탁단체와 협의하여 스포드 기록보관소를 설립하였다. 외부 자본에 의한 도자기 업체의 인수 등으로 향후 회사 경영과 작풍에 큰 변화가 있을 것으로 이미 예상된 데 따른 후속 조치였다.

이러한 후속 조치로 옛 작품들과 기술들을 영원히 보전하기 위하여 그동안 보관하던 역대 명작품들과 그 주형, 그리고 디자인 북 등을 모두 자선신탁단체에 기부하는 형태로 위탁하였다.

스포드 기록보관소에는 창업 당시부터 2008년 도산할 시점까지 제작된 약 4만 개의 금형, 2만 5000개 이상의 동판 조각, 테이블웨어 약 7만 점의 디자인 그림, 고문서를 비롯하여 오래전에 사용하였던 기계나 가구 등이 소장되어 있다.

이 기록보관소는 스포드 업체가 이미 도산하여 직접 후원하고 있는 상황은 아니다. 그러나 자선신탁단체가 국내외 여러 후원자들이 낸 기부금으로 옛 공장 부지에 방문자센터를 설립하여 현재까지 보존된 훌륭한 명작들을 전시하고 전통 기술들도 시연하고 있다.

스포드 업체에서 은퇴한 직원들이 자원봉사자로 일하고 있는 이 스포드 기록보관소에서는 매년 충실한 전시 내용으로 관광객들로부터 큰 인기를 얻으면서 그 전시 사업도 점차 확장하고 있다고 한다.

스포드 공장 부지에 설립된 스포드 기록보관소의 방문자 센터.

스포드 업체의 역대 동판 전사 작품들이 진열된 모습.
이렇게 찬장을 영국 명품 도자기로 장식하려는 사람들은 상상 이상으로 많다.

제 5 장

빅토리아 여왕이 사랑한
'민턴'

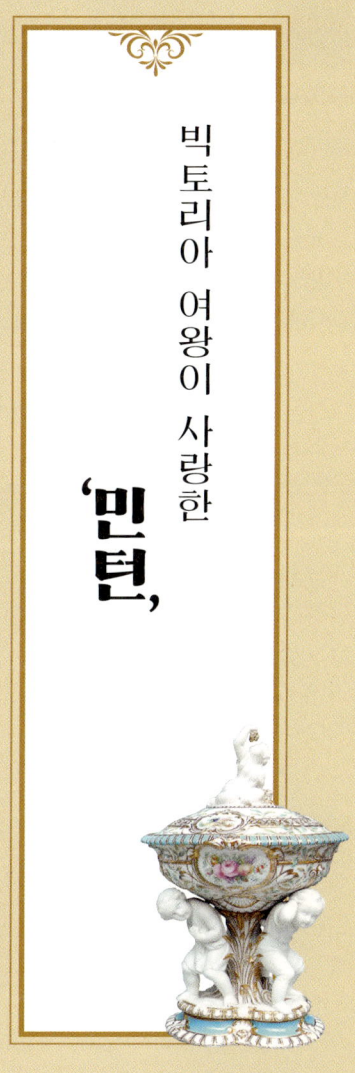

민턴 업체의 연혁

회사명	민턴 (Mintons Ltd)
로고	
창립 연도	1793년
창립자	토머스 민턴, 조지프 폴슨
주요 도예가	샤오거스터스 W. N. 퓨진, 조제프 프랑수아 레옹 아르노, 토머스 커크비, 조지프 밴크래프트, 크리스토퍼 드레서, 제임스 루이 휴즈, 마르크 루이 에마뉘엘 솔롱, 윌리엄 스트븐 콜먼, 레옹 솔롱(1895), 존 워즈워스,
대표 작품	본차이나 제작 시작, 도자기 피겨 및 장식품, 상감 타일, 「더스트 프레스트 프로세스」 기법의 타일, 「웨스트민스터 궁전」 실내장식 타일, 「템플 교회」 바닥재 타일, 빅토리아 여왕 사저인 「오즈본 하우스」 건축재 타일, 「홀리 트리니티 교회」 건축 타일, 「프렌치 셰이프」 티포트, 「엑소틱 버드」 상품, 패리언 도자기제 피겨 「식탁의 귀부인」 (1847), 「스트로베리 엠보스」, 「레이즈드 페이스트 골드」 기법 도자기, 다색 전사 특허 대중용 타일(1848), 「마졸리카 도자기」 개발(1849), 「파트-쉬르-파트」 기법 도자기, 「터쿼이즈 블루」 도자기, 「아르데코」 디자인 도자기, 「해던 홀」, 액시드 골드 작품, '레이즈드 페이스트 골드' 기법 작품
로열 워런트 인증 연도	1856년(빅토리아 여왕)
변천사	민턴, 폴슨 앤 퍼널(Minton, Poulson and Pounall)로 개칭(1796) '토머스 민턴 앤 선스'로 개칭(1817), '민턴 앤 보일'로 개칭(1836), 허버트 민턴 앤 컴퍼니(Herbert Minton and Co) 민턴 앤 홀린스(Minton and Hollins)로 개칭(1845) 허버트 민턴 앤 컴퍼니(Herbert Minton and Co)로 재개칭(1847년), 민턴스(Mintons)로 개칭(1873), 로열 덜턴에 합병(1968년), 현재는 핀란드 기업 피스카르스(Fiskars)에 합병 및 민턴 브랜드 폐지

동경의 대상이었던
'세브르 양식'의 도자기

영국의 도자기 명가인 '웨지우드', '로열 덜튼', '로열 앨버트'는 2015년에 핀란드 기업인 피스카르스(Fiskars) 그룹에 합병되었다. 이 합병을 계기로 같은 그룹 내에 속해 있던 민턴 브랜드가 폐지되었다. 1793년부터 역사와 전통을 자랑해 온 도자기 브랜드인 민턴의 사업 중단은 영국 도자기의 애호가들에게 크나큰 충격을 안겨 주었다.

사실 민턴 업체의 작품들은 오랜 세월 수많은 왕후와 귀족들에게 큰 사랑을 받으면서 영국에서는 애프터눈 티용 찻잔 세트의 대명사이기도 한 만큼, 일반 사람들에게는 큰 동경의 대상이었다. 여기서는 빅토리아 여왕에게 총애를 받은 도예가인 토머스 민턴(Thomas Minton, 1765~1836)으로 시작된 민턴 일가의 도자기 역사를 살펴보기로 한다.

민턴 업체의 창업가인 토머스 민턴은 잉글랜드 스토크온트렌트 남서부에 위치한 슈롭셔주(Shropshire) 주도인 슈루즈버리(Shrewsbury)에서 1765년에 태어났다. 토머스 민턴은 1780년경부터 약 5년 동안 당시 우스터 업체로부터 독립한 토머스 터너가 슈롭셔주 카플리 지역에 설립한 '카플리 업체'에서 동판 전사의 기초 작업인 동판 조각술을 배웠다.

토머스 민턴이 동판 조각가로 활동하였을 무렵 '윌로 패턴'의 접시. 이 당시 민턴은 윌로 패턴의 디자인 제작에 관여하였다는 이야기도 있다.

그 무렵 스토크온트렌트의 스포드 업체가 동판 전사의 인쇄술을 적용한 도자기를 상품화하는 데 성공하였다. 당시는 동판 전사의 인쇄술을 터득하면 독립해서 사업을 일으킬 수 있었던 시대였다.

토머스 민턴은 런던에서도 동판 조각사로서 연구를 계속한 뒤 1789년에 스토크온트렌트에 정착하였다. 그리고 스포드와 웨지우드를 비롯한 다양한 도자기 업체로부터 동판 조각에 관한 업무를 외주로 받아서 사업을 시작하였다.

1793년, 28세의 이른 나이에 토머스 민턴은 동판 조각 사업을 더욱더 확장해 도자기의 일체를 생산하기 위하여 공장을 설립하였다. 스토크온트렌트의 런던 로드(London Road)에 땅을 매입한 뒤 작은 소성 가마와 오두막으로 이루어진 공장을 짓고 '민턴'이라는 회사명으로 사업을 시작한 것이다. 물론 처음에는 다른 협력 업체의 동료들로부터 도움을 받으면서 사업을 운영하였다. 이 무렵 토머스 민턴은 이미 두 자녀를 둔 가장이었기 때문에 가족의 생계를 꾸려 나가야 하는 책임도 있었다.

1796년 민턴은 동료 중 한 사람인 조지프 폴슨(Joseph Poulson, 1749~1808)과 동업 관계를 맺어 '민턴 폴슨 앤 컴퍼니(Minton Poulson and Co.)'이라는 이름으로 사업을 확장하였다. 또한 리버풀의 재력가인

민턴 업체의
동판 전사의 작품.
창업가인 토머스 민턴이
동판 조각가였던 만큼,
민턴 업체의 초기에는
동판 전사의 작품들이 많다.

윌리엄 퍼널(William Pounall, ?~?)과도 동업을 맺어 '민턴, 폴슨 앤 퍼널(Minton, Poulson and Pounall)'이라는 업체명으로도 사업을 진행하였다.

1798년부터 이듬해에 걸쳐 잉글랜드 남부 콘월 지방에서 양질의 도토가 공급되는 34만 제곱미터의 땅을 사들여 크림웨어와 본차이나의 대량 생산에 착수하였다. 초기에는 민턴 자신의 전문 분야인 동판 전사의 작품들이 많이 생산되었다.

민턴 업체에서 만든 백자는 그 품질이 매우 훌륭하였기 때문에 전통 도자기 업체인 '존 터너 앤 윌리엄 뱅크스'의 존 터너(John Turner the elder, 1737~1787)도 높이 평가하였다. 이 업체의 공장에서는 당시 조사이어 스포드도 근무하고 있었기 때문에 민턴과 스포드의 두 사람 사이에는 어디에선가 접점이 있었는지도 모른다. 이러한 평가에 자신감을 얻은 토머스 민턴은 도토의 소재와 유약의 연구에 집중하였다.

1817년 장남인 토머스 웨브 민턴(Thomas Webb Minton, 1791~1870)이 사무원으로 입사하면서 회사명을 '토머스 민턴 앤 선스(Thomas Minton and Sons)'로 바꾸었지만, 장남은 대체 도자기 업체의 경영에는 전혀 관심이 없었고, 급기야 1825년에는 가업을 그만둔

민턴 업체의 화려하고 아름다운 '투각' 작품.

뒤 교회 성직자로 성공회에 투신하였다. 불가피한 상황 속에서 창업가인 토머스 민턴은 차남인 허버트 민턴(Hebert Minton, 1793~1858)을 후계자로 삼고 도자기 업계에서 알아야 할 제반 지식을 전수하였다.

이 무렵부터 민턴 업체에서는 도자기 피겨들을 생산하였다. 당시 상류층을 고객으로 삼고 있던 크라운 더비 업체에서 금형 전문가를 영입하여 왕후, 귀족, 정치, 종교, 연극, 역사, 신화 등 다방면에 걸쳐 수많은 작품을 생산하였다. 이러한 배경으로 크라운 더비와 민턴의 두 업체에서 초기에 생산된 피겨들은 그 디자인이 매우 비슷하다고 한다.

크라운 더비 업체는 본래 독일의 마이센이나 프랑스의 세브르 업체, 그리고 영국의 첼시 업체 등의 시대를 앞서나가던 도자기 업체의 작품들을 벤치마킹하는 경우가 많았다. 따라서 자연히 민턴 업체의 작품들도 그러한 유명 도자기 업체의 모사품이 많았고, 심지어는 마이센의 상징 로고인 '쌍검' 마크까지 충실히 모사하였다고 전해진다.

민턴 부자 사이에 깊은 갈등을 낳은 고딕풍의 '상감 타일'

대륙의 작품을 모방하려면 대륙 출신의 장인들이 필요하였기 때문에 프랑스에서 종교적인 박해를 피하여 망명한 칼뱅파의 위그노 교도 출신 장인들도 당시 도자기 업계에 많이 채용되었다.

이러한 시대에 허버트 민턴은 장인의 기질과 재능도 있었고, 무엇보다도 도자기도 좋아하였기 때문에 민턴 업체에서는 2대 후계자로서 더할 나위 없이 훌륭한 인물로 생각되었다. 단, 이는 어디까지나 1828년 그의 운명을 좌우하는 한 사람과 만나기 전까지의 평가이다.

이 무렵 영국에서는 고딕 시대의 건축과 문화의 양식에 사람들의 관심과 흥미가 쏠려 있었기 때문에 복고풍의 고딕 양식이 유행하였다. 그리고 폐허나 고성 등 중세의 건축물을 견학하거나 유적지를 패키지로 둘러보는 그랜드 투어도 큰 인기를 끌었다.

당시 청년이었던 허버트 민턴도 젊음의 호기심으로 그러한 새로운 유행에 눈을 뜨기 시작하였다. 그러한 가운데 오래전 영국성공회에 의해 폐허가 된 중세 교회에서 아름다운 바닥 타일이 발굴되었다는 소식이 들려왔다.

타일의 표면에 단순히 그림만 그려 제작하였다면 그 타일의 그림은 세월이 지나면서 점차 퇴색되기 마련이다. 그런데 중세 교회에서 발굴된 타일은 오랜 세월에 걸쳐 비바람에 노출되어 풍화되었지만, 오히려 닦을수록 그림의 모양과 색상이 더욱더 생생하게 되살아났다.

이 타일은 놀랍게도 그 당시까지 이미 오래전 실전되어 사라진 기술로 알려진 '상감 기법'으로 만든 것이었다. 허버트 민턴은 그 기법으로 만든 '상감 타일'을 본 순간 도예가로서 영혼이 불타올랐다.

또한 허버트 민턴은 이 당시에 영국의 건축사상가, 고딕 건축의 설계 디자이너인 오거스터스 W. N. 퓨진(Augustus Welby Northmore Pugin, 1812~1852)를 운명적으로 만나면서 그의 '고딕 리바이블(gothic

19세기에는 중세의 성과 교회 등 옛 디자인 양식에 대한 흥미와 관심이 사회적인 현상이었다.

허버트 민턴이 훗날 부활시킨 중세의 '상감 타일'.

revival)'의 건축 양식에 깊은 감명을 받았다.

또한 고딕 양식을 부활시키려는 건축 디자이너들은 동판 전사의 인쇄술로 대량으로 생산되는 타일을 원하지 않고 장식이 영구적으로 보존되는 상감 기법의 타일을 원한다는 사실도 알게 되면서 허버트 민턴은 '상감 타일'을 부활시키겠다는 다짐을 마음속에 되새기게 된다.

이는 생각보다 상당히 어려운 시도로서 단순히 견본을 만드는 데에도 막대한 예산과 시간이 들어가기 때문에 아버지인 토머스 민턴을 비롯하여 공장의 다른 도예가들도 일제히 반대에 나섰다.

그러나 허버트 민턴은 그러한 반대를 무릅쓰고 '비용이 아무리 들지라도 기필코 부활시키겠다'는 결연한 자세로 상감 타일의 소성에 열정을 쏟아부었다. 그런데 1830년 아쉽게도 새뮤얼 라이트(Samuel Wright, 1784~1849)가 그런 허버트보다도 '상감 타일'의 제조법을 먼저 개발한 뒤 특허를 획득하였다.

한편, 타인이 먼저 개발하여 특허를 취득한 상황이 되자, 아버지인 토머스는 아들인 허버트에게 '이쯤 되면 상감 타일의 개발을 그만 접어라'는 압력을 가하였다. 그러나 허버트는 아버지의 압력에도 아랑곳하지 않고 라이트에게 연락하여 10%의 사용료를 내고 특허를 빌려 사용하면서까지 상감 타일의 안정적인 제조 방법을 개발해 나갔다. 더욱이 1835년에는 자신이 직접 디자인한 상감 타일의 카탈로그까지 만든 것이다.

토머스 민턴은 자신의 권고와 동료 장인의 반대에도 불구하고 상감 타일의 개발에 몰두하는 그런 아들을 도무지 이해할 수가 없었다. 그리고 장남인 토머스 웨브 민턴이 믿음의 신앙으로 개신교인 성공회에 투

1851년의 카탈로그에 수록된 디자인 그림. 색상이 다른 약간 작은 타일들을 배치하여 문양을 낸 바닥재 그림이다.

색색의 작은 타일들을 수많이 결합하여 복잡한 디자인을 만들어 낸 그림.
이러한 바닥용 타일은 '빅토리아 바닥 타일'이라 불렸다(1851년 카탈로그 수록).

신하였던 데서 볼 수 있듯이, 민턴 일가는 모두 개신교인 성공회의 신자였다.

이로 인해 프랑스에서 가톨릭 교도들로부터 종교적인 박해를 받고 망명한 칼뱅파 위그노 교도의 도공들은 민턴 업체에서 안심하면서 도예 활동에 전념할 수 있었다.

그러나 둘째 아들인 허버트는 오히려 가톨릭 신자들과 어울려 다니면서 깊은 친분을 쌓아 아버지의 눈 밖에 난 데다가, 또한 아버지를 비롯하여 도공들이 모두 반대하는 상감 타일의 개발에 나선 것이다.

이러한 허버트에 대한 불만을 안은 채 1836년 창업자인 토머스 민턴은 눈을 감고야 말았다. 이 민턴 업체의 초대 창업자는 장차 기업의 미래가 우려스러웠는지 실로 엄청난 유언을 남기고 세상을 떠났다.

차남인 허버트의 행실이 사사건건 못마땅하여 괘씸하였는지, 회사의 미래가 진실로 우려되었는지는 지금으로서는 알 길이 없지만, '회사의 모든 경영상의 권리를 도자기에 관심조차 없어 오래전 떠나 성직자로 있던 장남 웨브 민턴에게 양도한다'는 유언을 남긴 것이다.

허버트는 본래부터 성격상으로 검소하였던 탓에 재물에 큰 집착을 보이는 인물은 아니었다. 그렇지만 정작 아버지의 그러한 유언을 뜻밖에 접한 뒤 큰 충격에 빠졌는지 '회사와 집안에서의 모든 일을 홀홀 털어버리고 진즉에 떠날 생각이었다'는 내용의 그의 일설이 다음과 같이 전해진다.

> 홀로 남겨진 어머니와 어린 동생들만 아니었다면, 나는 이미 가업을 접고 벌써 오래전 공장을 뛰쳐나갔을 것이다.

기업가가 후계자를 지목하는 문제는 정작 자녀들 개개인의 바람과는 다르게 일어나는 법이라 '사람의 일'이라 할 수 있지만, 차남인 허버트는 아버지에 대한 깊은 원망으로, 그가 생전에 민턴 업체에서 제작한 작품에 아버지를 연상케 하는 알파벳 '민턴(Minton)'을 백스탬프로 찍는 일이 단 한 번도 없었다고 한다. 그러나 성직자로 있던 형의 지속적인 지원으로 허버트는 사장으로서 민턴 업체를 계속 운영할 수 있었다.

그 뒤 허버트 민턴은 미국과 유럽에 유통망을 가졌던 존 보일(John Boyle, ?~ 1845)과 동업 관계를 맺은 뒤 1836년부터 회사명을 '민턴 앤 보일(Minton and Boyle)'로 바꿔 경영에 나섰다. 존 보일과의 동업 관계는 1841년까지 계속되었는데, 참고로 이 보일도 허버트의 상감 타일 제조에는 결사코 반대하였던 것으로 전해진다.

고딕 리바이벌의 총아,
'허버트 민턴'!

그런데 이 무렵부터 허버트 민턴에게는 사업에서 순풍이 불기 시작하였다. 1834년 화재로 소실된 웨스트민스터 궁전을 고딕 리바이벌의 건축 양식으로 재건하여 의회의사당으로 사용하기로 결정된 것이다.

건축 설계자는 찰스 배리(Charles Barry, 1795~1860), 인테리어의 디자이너는 허버트의 친구로서 당시 약관 24세의 퓨진이 선정되었다. 그들은 이 건축물에서 중세의 타일에 주로 보였던 문양들을 많이 사용하였다.

퓨진은 더 나아가 의회의사당의 바닥 전체를 자신이 직접 디자인한 타일로 뒤덮으려고 계획하였다. 그의 디자인은 '삼위일체'를 뜻하는 세 잎이나 십자가를 상징하는 네 잎과 같은 중세 고딕풍의 문양을 부활시켜 사용한 것이었다. 퓨진은 물론 타일의 제작을 친구인 허버트 민턴에게 의뢰하였다.

그들의 의회의사당을 건축하는 작업은 사람들로부터 높은 평가를 받으면서 배리와 퓨진에게는 귀족의 저택은 물론이고 왕실과 관련된 일까지 대형 작업들이 속속 요청되었다. 그리고 그런 건축에는 타일이 필수적인 자재였는데, 타일 작업이 민턴 업체에 일임되면

영국 의회의사당인 웨스트민스터 궁전. 실내 장식에 민턴 업체의 타일이 많이 사용되었다.

서 허버트는 민턴 업체에 큰 수익을 안겨 주는 데 성공한 것이다.

1840년대 버밍엄의 기술자인 리처드 프로서(Richard Prosser, 1804~1854)가 자기제 단추를 만들기 위하여 마른 점토에 압력을 가하는 '더스트 프레스트 프로세스(Dust-Pressed Process)' 기법의 특허를 획득하였는데, 허버트는 이 기법을 타일을 만드는 데에도 적용할 수 있으리라 보고 특허권을 사들였다.

이리하여 생산성이 향상된 민턴 업체의 타일들은 1841년 런던의 템플 교회 바닥재로 사용되었고, 1845년에는 와이트섬(Wight Island)의 빅토리아 여왕 사저인 오즈본 하우스(Osbourne House)의 건축에도 사용되었다. 부친인 토머스 민턴이 몇 년만 더 살아서 이러한 모습을 지켜보았다면 아들의 생각이 틀리지 않았다는 사실을 알 수 있었을는지도 모른다.

한편 허버트 민턴은 1842년 자신이 거주하던 스토크의 하츠힐

오즈본 하우스는 궁전 내부와 정원 곳곳에 민튼 업체의 타일이 바닥재로 깔려 있다.
정원의 타일은 손상이 심하여 2019년에 복구 작업이 진행되었다.

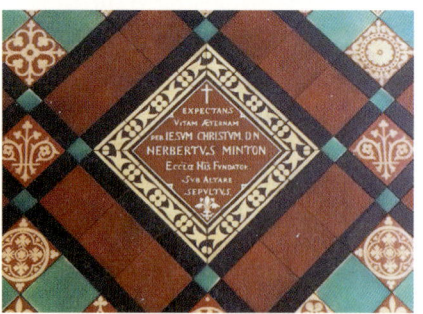

허버트 민턴이 홀리 트리니티 교회에 기부한 바닥재 타일.

(Hartshill) 지역의 고딕 리바이벌 건축물인 홀리 트리니티 교회(Holy Trinity Church)에 타일들을 기증하였고, 또한 훗날에 아이들의 교육을 위한 학교도 기부하였다. 물론 이 건축물들에는 품질이 매우 우수한 타일들을 내장재로 사용하였다.

여기서 중요한 점은 허버트 민턴이 비록 타일을 만드는 데 자신의 일생을 쏟아부었지만, 선대에 발전한 세브르 양식의 도자기를 생산하는 일에도 전혀 소홀하지 않았다는 사실이다.

예를 들면, 부친 토머스 민턴이 소중히 여긴 본차이나 도토를 더욱더 개량하여 도자기를 성형한 뒤에 프랑스에서 온 훌륭한 기량의 도예 화가들에게 아름다운 꽃들을 그리도록 주문한 것이다.

민턴 업체에서 제작한 세브르 양식의 작품들은 상류층 사람들을 매료시켰는데, 1840년에는 빅토리아 여왕이 공장을 직접 방문하는 영예를

풍경화와 장미꽃이 그려진 화려한 작품(1840년대 작).

「프렌치 셰이프(French Shape)」라 이름이 붙은 로코코 양식의 우아한 티 포트(1820년대 작).
티 포트에는 다른 풍경화들이 하나하나 손으로 직접 그려져 있다.

프랑스풍을 느끼게 하는 경쾌한 '이마리' 양식의 작품(1820년대 작).

「엑소틱 버드」 양식의 접시(1990년대 복원작). 젊은 여왕에 잘 어울리는 사랑스러운 디자인이다.

얻었다. 그해 사촌인 앨버트 공과 갓 결혼한 빅토리아 여왕이 공장을 방문하였을 때 선명한 선홍색 바탕 위로 새의 그림을 그리고 가장자리를 금장으로 두른 디자인의 「엑소틱 버드(Exotic Bird)」라는 작품을 보고 마음에 들어 하면서 결혼 기념품으로 테이블웨어를 특별 주문하였다.

1845년 허버트 민턴은 조카인 마이클 데인트리 홀린스(Michael Daintree Hollins, 1815~1901)를 새로운 동업자로 맞이하여 '민턴 앤 홀린스(Minton and Hollins)'라는 회사명으로 하여 '상감 타일'의 생산 부문을 분사시켰다. 그 뒤부터 타일에 회사명의 직인이 도자기에 찍히기 시작하였다.

허버트 민턴은 인테리어 디자이너인 퓨진과도 사이가 좋았던 관계로 1846년에서 1852년에 걸쳐 당시 퓨진이 인테리어 작업을 맡았던 의회 의사당의 로열 갤러리, 세인트 스티븐 홀(St Stephen's Hall)의 중앙 로비에도 민턴 업체의 타일이 바닥재로 깔렸다. 당시 퓨진이 허버트에게 쓴 서신에는 다음과 같은 내용이 기록되어 있다고 한다.

> 세인트 스티븐 홀의 타일은 어떤 고대 타일보다 더 훌륭하며 세계에서도 가장 멋진 타일이다! 나의 디자인과 당신의 타일 기술은 앞으로도 더욱더 향상될 것으로 본다.

이탈리아풍의 석회질 도자기, '마졸리카'

이 무렵 귀족층과 상류층의 저택은 고딕 리바이벌 양식의 건축이 유행하면서 타일 외의 건축 자재도 수요가 늘어났다. 허버트는 중세 석회질 도자기 '마졸리카(majolica)'를 부활시킨 '민턴 마졸리카(Minton majolica)'의 도토 소재를 개발하는 일에도 참여하였다.

본래 마졸리카 도자기는 스페인에서 처음 탄생하였는데, 선박으로 이탈리아 마욜리카(maiolica)로 전해지면서 '마욜리카 도자기'라고도 한다. 납 성분의 유약에 주석을 섞은 주석 안료의 바탕에 물감을 얹어 유약에 배도록 한다. 마치 프레스코화(Fresco)와도 같이 나중에는 수정할 수 없다는 단점이 있지만, 그만큼 소결 시에 나타나는 선명한 색채감이 독창적인 마졸리카 도자기는 사람들이 동경하는 도자기였다.

빅토리아 앤 앨버트 박물관에 전시된 마졸리카 도자기제의 대형 분수.

이러한 작품은 고딕 리바이벌 양식으로 건축한 귀족들의 저택에 어울리면서 그 수요가 증가해 주문이 끊이질 않았다고 한다. 이 작품들의 진본은 오늘날 런던의 '빅토리아 앤 앨버트 박물관', 스토크온트렌트의 '더 포터리스 뮤지엄 앤 아트 갤러리(The Potteries Museum & Art Gallery)' 등에 전시되어 있다.

민턴 업체의 패리언 도자기제 「식탁의 귀부인」 피겨 작품.
매우 앙증맞고 사랑스럽다.

일반 가정의 실내 계단에 사용된 다양한 디자인의 민턴 타일.

이같이 고딕 리바이벌 양식의 작품을 제작하는 한편, 허버트 민턴은 세브르 양식의 작품들을 제작하는 일에도 투자를 아끼지 않았다. 1847년 무렵부터는 패리언 자기도 제작하였다. 이를 위하여 1845년에 이미 프랑스에서 도예 화가인 조제프 프랑수아 레옹 아르노(Joseph Francois Leon Arnoux, 1816~1902)를 영입하였고, 1849년~1892년에는 그를 예술 총감독으로 승진시켰다. 그의 세브르 양식의 디자인은 상류층으로부터 대환영을 받으면서 민턴 업체는 그 명성을 굳혀 나갔다.

그 뒤 민턴 업체의 타일은 1848년부터 타일의 평평한 표면에 다양한 색상들을 전사할 수 있는 기술이 개발되면서 한층 더 발전하였다. 그동안 '상감 타일'은 가격이 너무 비싸 중산층에서는 감히 구입하기가 어려웠다. 그러나 이 기술이 개발되면서 그러한 '상감 타일' 느낌의 화려한 디자인이 그려진 타일들을 이제는 중산층에서도 쉽게 구할 수 있게 된 것이다. 그 결과 민턴 업체의 타일은 그 판로가 이제 일반 가정으로까지 확장되었다.

빅토리아 여왕의 온 마음을 사로잡은 '민턴 도자기'

1851년 허버트 민턴은 런던 만국박람회에서 빅토리아 여왕의 의전을 맡았다. 기존의 왕실 조달 허가를 받은 수많은 도자기 업체를 제쳐 놓고 허버트 민턴이 어떻게 의전을 맡는 영예를 안게 되었을까? 여기에는 여왕의 부군인 앨버트 공의 진언이 있었던 것은 아닐까?

앨버트 공은 미혼 시절 이탈리아의 그랜드 투어에 나선 뒤 예술에 더욱더 깊은 흥미를 지녔다. 1754년에 설립되어 당시에 이미 약 100년의 전통과 역사를 자랑하는 왕립예술협회(The Royal Society of Arts)의 회장직을 1843년부터 맡고 있었다. 산업과 예술을 모두 겸한 박람회를 개최하고 싶은 그의 소망은 이 왕립예술협회의 회원들이 노력하여 만국박람회라는 형태로 꽃을 피운 것이다. 물론 허버트 민턴도 이 왕립협회의 회원이었다.

앨버트 공은 건축에도 뛰어난 능력의 소유자였는데, 1845년에는 오즈본 하우스의 설계에도 적극적으로 참여한 적이 있다. 이때 민턴 업체의 타일이 오즈본 하우스의 정원, 회랑 등 여러 장소에서 사용되었는데, 이 모든 것이 앨버트 공의 요청으로 이루어진 것이었다. 이러한 관계로 여왕의 의전을 담당하는 중책을 맡게 되었는지도 모른다.

민턴 업체는 이 만국박람회에 조각가인 토머스 커크비(Thomas

빅토리아 여왕이 한눈에 반한 세브르 양식의 디저트 서비스. 런던 만국박람회가 끝난 뒤 주문이 쇄도하였다고 전해진다.

1851년 런던 만국박람회에서 수상한 마졸리카 도자기의 복원품. 거대한 공작의 자태가 압권이다.

Kirkby, 1821~1890)와 도예 화가인 조지프 밴크래프트(Joseph Bancroft, 1796~1857)의 공동 작품으로서 패리언 도자기에 우화 상들이 그려져 있는 청록색 자기 116개들이 1세트인「본차이나 디저트 서비스」를 출품하였다.

당시 빅토리아 여왕은 이 작품을 보고 매우 흡족하였으며, 훗날 오스트리아제국의 황제 프란츠 요제프 1세(Franz Joseph I, 1830~1916)의 황후인 엘리자베스(Elisabeth Amalie Eugenie, 1837~1898)에게 선물로 제공하였다. "세계에서 가장 아름다운 본차이나"라는 말은 여왕이 이 런던 만국박람회 때 한 것이다.

민턴 업체의 작품은 공개한 지 2~3일 만에 모두 품절이 될 정도로 큰 인기를 끌었다. 세브르 양식의 작품뿐만 아니라 마졸리카 도자기의 복원품은 산업적으로도 높은 평가를 받아 3위에 입상하였다. 이러한 도자기에 완전히 매료된 빅토리아 여왕은 일기에서 "개인적으로는 민턴이 으뜸이었다"고 기록한 것으로 전해진다.

이러한 빅토리아 여왕의 '민턴 도자기'에 대한 애정은 식을 줄을 몰랐다. 그러한 가운데 어릴 적부터 그림 그리기를 좋아하였던 여왕이 직접 스케치한 딸기를 바탕으로 디자인한「스트로베리 엠보스(Strawberry Emboss)」라는 작품은 파리 만국박람회에 출품되었다. 산딸기 열매와 꽃이 부조된 이 도자기 세트는 여왕의 스코틀랜드 사저로서 고딕 리바이벌 양식으로 건축된 발모럴성(Balmoral Castle)에 아침 식사용 테이블웨어로 납품되었다.

이 테이블웨어 작품은 1960년대까지 오직 왕족에게만 납품되었다. 조지 5세(George V, 1865~1936)의 딸인 메리 공주(Victoria Alexandra Alice Mary, 1897~1965)도 제6대 헤어우드 백작(Earl of Harewood)과 결혼할 당시에 이 테이블웨어를 지참하였다. 백작 부인이 된 그녀가 살던 요크셔의 컨트리 하우스인 '헤어우드 하우스(Harewood House)'에는 지금도「스트로베리 엠보스」의 테이블웨어들이 남아 있다.

제3대 루칸 백작(Earl of Lucan)인 조지 찰스 빙엄(George Charles Bingham, 1800~1888)에게 납품된 디저트 접시. 백작 가문을 상징하는 문장이 중앙에 그려져 있다.

헤어우드 하우스에서 촬영한 「스트로베리 엠보스」 작품의 찻잔 세트.

    이러한 공적으로 민턴 업체는 1856년 빅토리아 여왕으로부터 왕실 조달 허가증인 로열 워런트를 받았는데, 안타깝게도 때늦은 감이 없지 않았다. 이러한 영예를 안고 사촌 조카인 콜린 민턴 캠벨(Colin Minton Campbell, 1827~1885)에게 경영을 넘긴 지 불과 2년 만인 1858년 허버트 민턴은 세상을 떠나고야 말았기 때문이다.

칼럼

의회의사당의 바닥재,
'민턴 타일'

허버트 민턴의 타일에 대한 열정과 건축가 퓨진과의 우정, 그리고 바닥재로 사용된 타일을 다시 확인하고 싶다면, 영국의 의회의사당을 방문해 눈으로 직접 보면 된다.

민턴 업체의 역사를 떠올리면서 의회의사당의 바닥을 걷노라면 각별한 느낌이 든다. 2018년 의회의사당의 복원 공사를 위하여 센트럴 홀에서 제거한 민턴 업체의 타일들은 의회의사당 내 매장에서 판매되었다. 센트럴 홀은 상원과 하원 사이에 위치하여 모든 의원이 오가는 장소이다. 그 홀의 바닥을 걷다 보면 고딕 리바이벌의 양식으로 '희망'을 상징하는 파란색의 타일을 볼 수 있다. 바로 의회의사당의 실내장식을 책임졌던 퓨진이 네 잎을 모티브로 디자인한 타일이다.

영국 의회의사당 내에서 판매되고 있던 민턴 업체의 타일. 정품 보증서도 첨부되어 있다.

센트럴 홀의 바닥재는 갈색 계통의 타일들이 주를 이루고, 파란색 타일이 강세를 주기 위하여 사용되었다.

의회의사당에서 즐기는
'애프터눈 티'

　영국 의회의사당 내에는 애프터눈 티를 즐길 수 있는 특별한 공간이 있다. 바로 '퓨진 룸(Pugin room)'이다. 이곳은 메뉴판도 타일이다. 타일 메뉴판을 보고 티를 선택한 뒤 즐기는 티타임은 정말 행복한 순간이 아닐 수 없다.

　그리고 테이블웨어에 사용된 녹색은 고딕 리바이벌 양식에서 '하나님의 음성', '성경의 가르침을 따른다'는 의미가 담겨 있다. 이러한 배경지식이 있으면 테이블에서의 즐거움은 더욱더 증폭될 것이다.

　요리도 매우 맛깔스러워 한 번 방문하면 또 찾고 싶은 공간이다. 물론 애프터눈 티는 홈페이지에서 사전에 예약해야 가능하다.

템스강이 바라보이는 장소에서의 애프터눈 티. 퓨진 룸의 실내장식은 중세 양식이다.

거장 디자이너들의 눈부신 활약으로
세계 속으로 도약한 '민턴'

'상감 타일'의 총아, 허버트 민턴이 세상을 떠나자, 사촌 조카인 콜린 민턴 캠벨이 이끄는 민턴 업체는 새로운 시대에 돌입한다. 당시 새로운 사조로서 '자포니즘(Japonism)'(일본풍)이 유행하였기 때문에 새로운 디자이너들이 필요한 상황이었다. 이때 큰 주목을 받은 인물이 크리스토퍼 드레서(Christopher Dresser, 1834~1904)였다.

자포니즘 문화의 애호가였던 드레서는 일본 에도시대 민화인 '우키요에(浮世繪)' 화가인 가츠시카 호쿠사이(葛飾北齋, 1760~1849)의 영향을 받아 태양을 등지고 나는 학을 잘 그렸다. 또한 드레서는 1862년 런던 만국박람회에 출품된 일본의 칠보 작품에 깊은 감명을 받은 뒤로 일본의 집안 문양이나 수리검 등의 디자인에도 관심을 가지면서 1877년에는 일본을 직접 방문하기도 하였다.

중동의 영향을 받은 드레서의 작품 (1880년경 작).

자포니즘의 영향을 받은 드레서의 작품 (1875년 작).

민턴 업체의 콜린 민턴 캠벨은 인기가 식을 줄을 모르는 세브르 양식을 한층 더 발전시켰다. 그리하여 당시 민턴 업체에는 프랑스계의 출중한 장인들이 많이 소속되어 있었다. 예술 총감독이 프랑스 출신의 조제프 아르노였다는 점과 여기에 1870년~1871년의 프로이센-프랑스 전쟁에서 세브르가 폭격을 받아 도자기의 생산량이 급격히 줄어든 시대적인 배경까지 더해지면서 민턴 업체에 취업하려는 도예가들이 끊이질 않았기 때문이다.

영국의 민턴 업체에서는 이러한 인적 배경으로 '프랑스어'를 공용어로 사용하였다. 반면 영국인 소속 도예가들은 그러한 프랑스 일색의 상황을 견디지 못하고 다른 업체로 이직하는 상황이 벌어졌다. 결과적으로 일종의 '기술 유출'이 일어나면서 다른 업체에서도 민턴 업체와 비슷한 유형의 제품들을 많이 생산하였다고 한다.

1863년 금 채색의 장인인 제임스 루이스 휴즈(James Louis Hughes, ?~?)가 산성 용액을 사용해 유약을 부식시켜 그 부분에 22k 금을 넣는 '액시드 골드(Acid gold)'라는 기법을 개발하고 특허를 획득하였다. 그리고 '레이즈드 페이스트 골드(Raised paste gold)'라는 금장 기법도 개발되었다.

'액시드 골드',
'레이즈드 페이스트 골드',
'파트 쉬르 파트'의
3대 기법을 눈으로
확인할 수 있는 접시 작품.

1870년 프랑스 출신의 예술가 마르크 루이 에마뉘엘 솔롱(Marc-Louis-Emmanuel Solon, 1835~1913)은 '파트 쉬르 파트(Pâte-sur-pâte)', 즉 '반죽 위에 반죽'이라는 뜻의 기법을 민턴 업체에 전수하였다.

이는 점토액이나 현탁액을 바탕에 입혀 돋을새김 무늬의 도자기를 만드는 기술이었다. 이에 대하여 솔롱은 "이 기술은 진한 홍차 속에 부은 우유가 뭉실뭉실한 구름을 형성하는 것과 같다"고 설명하였다.

솔롱이 작품에서 다루는 주제는 '사랑'과 '천사'였고, 그러한 기법은 프레더릭 리드(Frederick Alfred Rhead, 1856~1933), 윌리엄 드 모르강(William De Morgan, 1839~1917), 앨버인 벅스(Alboin Birks)를 비롯하여 많은 제자들이 배워 계승해 나갔다. 특히 도자기에 '파트 쉬르 파트'의 기법으로 그림을 그리면 화가는 주제 곁에 자신의 사인을 넣을 수 있었다.

당시는 세브르 양식의 테이블웨어를 구입할 수 있는 부유층을 제외하고는 대부분의 일반 사람들이 대량으로 생산되는 제품들을 사용하였

'파트 쉬르 파트' 기법으로 제작한, 투명하게 비쳐 보이는 의상을 걸친 여신과 아기 천사들. 가장자리의 '레이즈드 페이스트 골드'에 사용된 금이 그 화려함을 더해 주는 작품이다.

다. 이러한 상황에서 윌리엄 모리스(William Morris, 1834~1896)와 같은 '라파엘전파(Pre-Raphaelite Brotherhood)'의 예술가들은 점점 더 발전하는 기계가 사람의 일거리를 빼앗아 간다는 사실과 기계로 대량으로 생산하는 제품은 품질이 낮아지는 사실을 우려하면서 생활 속에서 사회 운동을 펼쳐 나가기 시작하였다.

그들은 '예술이 있어야 할 곳은 바로 생활 속이어야 한다'고 주장한 것이다. 따라서 물건을 아무렇게나 만들어서는 안 된다는 의식으로 1860년대에 '아트 앤 크래프트(Arts & Crafts)' 운동을 출범시켰다. 이러한 운동은 도자기 업계에도 영향을 주면서 큰 변화를 일으켰다. 기존에는 하나의 정교한 작품을 여러 장인이 정교히 모사하는 데만 치중하

자포니즘의 영향을 받아 주변의 화초를 모티브로 제작한 찻잔 세트.
푸른 나비 모양의 손잡이도 개성적이다.

민턴 아트 포터리 스튜디오에서 도토리를 모티브로 제작한 찻잔 세트 작품.

민턴 업체에서 제작한 중세풍의 마졸리카 저그.

였지만, 이 운동으로 인하여 이제는 장인마다 각자 고유하고도 완전한 수제품을 만드는 일이 더 중요해진 것이다.

민턴 업체에서는 도예가들의 장래를 위하여 사우스켄싱턴 박물관(오늘날 빅토리아 앤 앨버트 박물관)에서 주관하던 '그림 배움터 교실'에 백자를 무상으로 제공하였다. 또한 스토크온트렌트의 도자기 공장 일부를 학생들에게 개방하여 무료로 견학할 수 있도록 시행하였다.

그러나 런던과 스토크온트렌트는 거리상으로 너무도 멀었다. 만약 사우스켄싱턴 박물관 근처에 도자기 공방이 있다면 참으로 편리하리라는 판단으로 1871년 로열 앨버트 홀 근처에 '민턴스 아트 포터리 스튜디오(Minton's Art Pottery Studio)'를 개설하였다.

이 스튜디오의 초대 소장으로 임명된 사람은 서섹스주 출신의 화가인 윌리엄 스티븐 콜먼(William Stephen Coleman, 1829~1904)이었다. 콜먼은 자연과학자이면서 삽화가로도 활동하는 약간 유별난 사람이었는데, 새, 꽃, 나비, 천사, 어린이, 여성 등을 자연스럽고 화려하게 그리면서, 민턴 도자기의 특색인 '터쿼이즈 블루(Turquoise blue)'도 많이 사용하였다. 이 스튜디오에서 학생들은 중세 미술을 배운 뒤 개성 넘치는 새로운 디자인들을 창조하였다. 드레서도 이 스튜디오에 큰 영향을 준 사람이었다.

그런데 1875년 민턴스 아트 포터리 스튜디오는 불행하게도 화재로 소실되고 말았다. 당시 콜린 민턴 캠벨은 스튜디오를 재건하는 일은 사실상 경제적으로 불가능하다고 판단을 내렸다. 그렇지만 콜먼이 디자인한 장식용 타일이나 패널은 품질이 매우 훌륭하여 그 제작 장소를 스토크온트렌트로 옮겨 1890년대까지 생산하였다.

민턴 업체는 이같이 새로운 디자인의 개발을 위하여 스튜디어의 운영에도 적극적이었지만, 탄탄한 경영의 기반이 되는 일반 가정용 인쇄 그림 타일들도 양산을 계속하였다.

윌리엄 셰익스피어의 희곡에 등장하는 한 장면이나 빅토리아 여왕 시대의 시인 앨프리드 테니슨(Alfred Tennyson, 1809~1892)의 목가적인 시를 인쇄한 타일은 당시 히트 상품이 되었다. 이 작품은 만국박람회에서도 높이 평가되면서 '민턴' 브랜드의 유명세는 전 세계로 퍼져 나갔다.

오스트리아 호프부르크 궁전 박물관에 소장된
콜먼의 작품들

민턴 업체의 작품들은 영국에서뿐만 아니라 세계 곳곳에서도 찾아볼 수 있다. 그 한 예로 오스트리아의 수도인 빈에 소재한 호프부르크 궁전(Hofburg Palace)의 은제품 박물관에도 민턴 업체의 작품들이 다수 전시되어 있다.

이 박물관에 소장된 작품들은 빅토리아 여왕이 민턴 업체에서 세브르 양식의 작품들을 구입한 뒤 엘리자베스 황후에게 선물로 보낸 것들이다. 그 도자기 세트 작품들에는 약간 기묘한 해양 생물들과 새들이 그려져 있다.

이것은 민턴스 아트 포터리 스튜디오의 소장이었던 윌리엄 스티븐 콜먼의 독특하고도 강렬한 화풍의 작품들이다. 오스트리아 빈을 방문하면 한 번쯤은 둘러볼 만한 구경거리이다.

해양 생물과 곤충 등
매우 독특한
화풍을 담고 있는
콜먼의 작품.

'민턴',
눈부신 위업을 남기고 사라지다!

1890년대 중반 프랑스 파리에서 식물을 모티브로 한 아르누보(art nouveau) 양식이 부흥하자, 민턴 업체에서는 마르크 솔롱의 아들인 레옹 솔롱(Leon Solong, 1872~1957)과 조제프 아르노의 손자를 영입하였다.

레옹 솔롱의 디자인 실력은 학창 시절부터 파리의 아르누보 양식 전문 간행지에도 실릴 정도로 우수하였다. 그의 동료로 1901년에 입사한 존 윌리엄 워즈워스도 당시 유럽 대륙에서 큰 주목을 받던 '비엔나 분리주의(The Vienna Secession)'의 운동 사조를 민턴 업체에 소개하였다.

확대한 듯한 모양, 윤곽을 강조해 빨강, 녹색, 황토색, 보라색, 청록색으로 강렬한 채색 대비가 특징이었다. 그러나 이러한 특징의 작품들은 당시 로열 덜턴 업체에서도 다수 제작하고 있었기 때문에 민턴 업체의 대표작으로 평가되지는 않았다. 레옹 솔롱은 1905년 민턴 업체를 떠나 미국으로 이주하였고, 존 윌리엄 워즈워스는 1905년~1915년까지 민턴 업체에서 예술 총감독을 맡은 뒤 '로열 우스터' 업체로 옮겨 갔다.

20세기 들어서도 사람들은 민턴 업체에 중산층도 구입할 수 있는 간소한 세브르 양식의 작품을 원하였다. 그러한 가운데 민턴 업체에서는

아르누보 양식의 영향을 받은 존 윌리엄 워즈워스의 독특한 세계관이 투영된 작품.

다시 히트 작품을 내기 위하여 1935년 로열 우스터 업체에서 활약하고 있는 존 윌리엄 워즈워스를 재영입하여 예술 총감독을 맡겼다.

존 윌리엄 워즈워스는 아르데코티프(art dé coratif)(약칭 아르데코)의 직선과 기하학적인 디자인을 적극적으로 채택하였다. 찻잔 세트에도 가히 혁명적이라 할 정사각형 모양의 디자인을 채택하였다. 이 작품은 포개어 보관하기 쉽고, 요철도 없는 탓에 가장자리가 깨지는 일도 없다는 것이 큰 장점이었다. 이러한 특징으로 당시 인기를 끌었던 '라이온스 티 하우스'와, 체인점을 확장하고 있던 커피숍, 그리고 증기선 내의 레스토랑 등에서 실용성이 좋기로 높이 평가를 받았다.

그런데 1949년 소의 영양 악화가 본차이나의 주재료인 골회의 품질 저하로 이어지면서 결과적으로 본차이나 도자기의 품질도 하락하는 문제점이 발생하였다. 그로 인해 존 윌리엄 워즈워스에게는 백자의 품질을 유지하면서 소재의 단점도 가릴 수 있는 디자인의 전면적인 개편이 요구되었다.

그는 민턴 업체의 근교에 있는 중세 성곽인 '해던 홀(Haddon Hall)'의 예배당 벽화에서 힌트를 얻어 고딕 양식의 디자인을 착안하였다. 해던 홀은 오래전 16세기의 종교 혁명으로 화공을 당해 가톨릭교회의 아름다운 장식은 이미 파손된 상태였다. 그러나 예배당 상부에는 녹색의 페인트가 약간 남아 있던 상태로서, 존 윌리엄 워즈워스는 이를 보고 착안한 것이다.

또 하나 존 윌리엄 워즈워스는 이 해던 홀에 이어져 내려온 감색의 태피스트리에서도 영감을 받아 가장자리가 푸른 색조의 작품인 「해던 홀」도 고안하였다. 가장자리 테두리가 녹색인 것과 푸른색인 것 중에서 먼저 상품화된 것은 녹색의 「해던 홀 그린 에지(Haddon Hall-Green Edge)」였다. 최후의 불안 속에 있는 사람들의 마음속에 고딕 리바이벌 양식의 「해던 홀」은 살며시 다가가서 많은 사람으로부터 사랑을 받았다.

1 고딕 리바이벌의 유행으로 더욱더 유명해져 빅토리아 여왕도 방문하였던 해던 홀.
2 녹색이 일부 보전되어 있는 해던 홀 벽화의 상부.
3 중세 시대의 태피스트리 작품. 헨리 8세(Henry Ⅷ, 1491~1547)가 해던 홀을 방문하였을 때 왕의 옥좌를 장식한 역사적인 유물이다.
4 해던 홀 성 예배당에 남아 있는 벽화에서 영감을 받아 제작된 「해던 홀」 작품. 아쉽게도 지금은 제작되지 않는다.
5 해던 홀의 예배당에 남아 있는 벽화.

그 뒤에도 민턴 업체에서는 특기인 세브르 양식을 활용하여 옛 기술을 복원한 작품들도 계속 제작하였지만, '액시드 골드', '레이즈드 페이스트 골드', '파트 쉬르 파트' 등의 왕후나 귀족에게 헌상하는 스타일의 디자인 작품들은 가격이 매우 높았기 때문에 20세기라는 대중의 시대에는 점차 맞지 않게 되었다.

그 뒤 민턴 업체는 글로벌 경쟁 시대에 걸맞게 새로운 공장과 설비들을 도입해 과거의 영광을 부활하려는 노력에 나섰지만, 결국 자금상의 문제로 계획은 중단되었다. 그리고 1968년에 로열 덜턴 업체에 합병된 뒤 2005년에 로열 덜턴 업체가 웨지우드 업체와 합병되면서 공장도 폐쇄되었다.

앞서 설명하였지만, 2015년 핀란드 업체 피스카르스 그룹에서 민턴 업체의 브랜드 사업을 폐지하기로 결정하면서 '민턴 아카이브(기록보관소)'도 모두 매각되었다. 스토크온트렌트는 지자체 차원에서 민턴 업체의 위업들이 헛되이 사라지는 일을 막기 위하여 기부금을 마련해 그 기록보관소를 사들였다.

오늘날 민턴 기록보관소는 지자체가 운영하는 '더 포터리스 뮤지엄 앤 아트 갤러리'에서 관리하고 있고, 일부 기록물들은 디지털 기술로 데이터베이스화되어 현재 공개되고 있다.

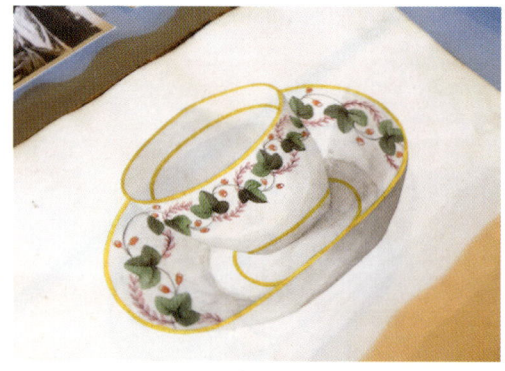

더 포터리스 뮤지엄 앤 아트 갤러리에서 2015년에 개최한 민턴 기록보관소 특별전에 진열된 디자인 작품.

기업가의 귀감이 된
콜린 민턴 캠벨

민턴 업체의 사장인 콜린 민턴 캠벨은 1875년 캠벨 벽돌·타일 업체의 경영에 나선 것을 시작으로 스태퍼드셔철도의 대표를 겸임하고, 스태퍼드셔주 도자기수도회사의 창립에도 관여하는 등 사업가로서 매우 다양한 사업들을 펼쳤다. 그 과정에서 막대한 부

콜린 민턴 캠벨의 동상.

를 축적하는 한편, 가난한 사람들을 위한 자선 사업도 진행하였다.

빅토리아 왕조 시대에 들어서 스토크시는 선거 제도가 중단되면서 부유층이 자신들에게 유리한 정치를 펼쳤다. 그로 인하여 공공서비스의 발전이 방해된 결과 시민들의 원성은 드높아 갔다. 그러한 가운데 1874년 시장을 중심으로 5명의 시의회의원과 18명의 평의원에 의해 겨우 정상적인 방식으로 시정이 운영되기 시작하였다.

콜린 민턴 캠벨은 1877년에 시립도서관을 건설하기 위하여 토지를 제공하고 수도회사를 경영한 경험을 되살려 스토크시의 하수도 시스템을 개선하는 데 큰 공을 세웠다. 1880년에는 시장에 선출된 뒤 3년 동안 시정을 펼쳤다. 그는 공중목욕탕을 확장하고, 시에서 직영하는 하츠힐 공동묘지에 투자하는 등 시를 위하여 자신을 투신하였다. 현재 그의 무덤은 살아 있을 당시에 그러한 인연이 있었던 하츠힐 공동묘지에 있다. 시민들은 그의 공적을 기리기 위해 기부금을 모아 동상을 세웠다. 이 동상은 1887년 1월 제3대 서덜랜드 공작(Duke of Sutherland)의 부인(1829~1888)에 의해 제막되어 그의 이름을 딴 '캠벨 플레이스'에 설치되었다. 그 뒤 근처에 민턴 업체의 새로운 공장이 세워지면서 공장 앞으로 이전되었다가 오늘날에는 공장이 폐쇄된 뒤 들어선 슈퍼마켓 앞쪽에 세워져 있다.

제 6 장

런던 시가지의 정화에 이바지한 업체
'로열 덜턴'

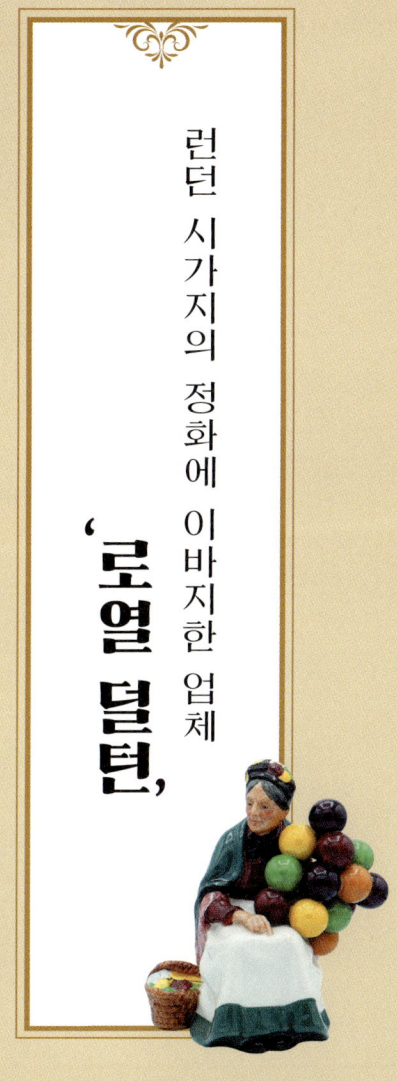

로열 덜턴 업체의 연혁

회사명	로열 덜턴(Royal Doulton)
로고	ROYAL DOULTON LONDON
창립 연도	1815년
창립자	존스, 존 덜턴, 존 왓츠
주요 도예가	존 스팍스, 조지 틴워스, 해너 및 플로렌스 바로의 남매, 찰스 노크(1889), 해리 닉슨
대표 작품	본차이나 생산(1884), 해러즈백화점 푸드홀 내벽 및 천장 타일, 「스태퍼드셔 독(Staffordshire dog)」 피겨, 〈HN〉 피겨 시리즈, 〈레드 로열 덜턴〉(1904년), 여성 참정권 운동을 펴는 여성 피겨 〈HN2816〉(1905), 소설 『메리 포핀스』를 소재로 한 〈코칭 데이즈 (Coaching Days)〉 발표, 본차이나 첫 피겨 〈HN1 달링〉, 〈HN1315 벌룬 레이디〉, 〈버니킨스〉 피겨 시리즈, 〈토비 저그〉 맥주잔 시리즈, 〈센테니얼 로즈〉 발표(1997)
로열 워런트 인증 연도	1902년 (에드워드 7세 국왕) '로열 칭호 사용'
변천사	존스, 왓츠 앤 덜턴(Jones, Watts & Doulton) 창립, 덜턴 앤 왓츠(Doulton & Watts) (1820) 사명 개칭, 덜턴 앤 컴퍼니(Doulton & Co.)(1853)로 사명 개칭, '로열 덜턴'으로 사명 개칭, 얼라이드 잉글리시 포터스가 인수(1971), 현재는 핀란드 기업 피스카르스에 인수 및 자회사인 WWRD Holdings Limited에서 운영

빅토리아 시대 런던 하수도의 위생 도자기 업체, '로열 덜턴'

1793년 영국에서 도자기 업체 '돌턴(Doulton)'을 창립한 존 덜턴(John Doulton, 1793~1873)은 런던 남서부 풀럼(Fulham) 지역에서 태어났다. 이 지역은 포르투갈과 스페인에서 건너온 이민자들이 많은 고장으로서 생활용품인 도자기들이 많이 생산되었다.

존 덜턴은 1805년 12세의 나이로 템스강 언저리에 있는 런던 풀럼 도자기 공장에 발물레 장인의 견습생으로 들어갔다. 7년간의 수업을 마친 존 덜턴은 1812년 지인인 존 왓츠(John Watts, ?~?)가 공장장으로 있던 풀럼 교외 램버스(Lambeth) 지역의 조그만 도자기 공장으로 옮겨 갔다.

그 도자기 공장은 당시 남편을 여읜 마사 존스(Martha Jones, 1795~1841) 부인이 혼자 운영하고 있었다. 18세기 램버스 지역은 '4대 티 가든'의 하나로 꼽힌 '복스홀 티 가든(Vauxhall tea garden)'이 있었던 덕분에 여름에는 많은 관광객으로 북적거렸다.

오늘날에는 주택지가 된 런던 풀럼 지역의 옛 도자기 공장 부지에 보존된 19세기의 가마. 이 가마는 그 생김새 때문에 '보틀 오븐(bottle oven)'이라 불렸다.

존스 부인은 남편 외에 외아들까지도 여읜 상태였기 때문에 공장의 후계자로 왓츠와 함께 성실하게 일하던 덜턴을 밀었다. 1815년 두 사람은 도자기 공장에 공동으로 출자한 뒤 도자기를 전문으로 생산하는 업체인 '존스, 왓츠 앤 덜턴(Jones, Watts & Doulton)'을 창업하였다. 이때 덜턴의 출자액은 세 사람 중에서도 가장 적은 100파운드였다. 이 업체가 훗날 유명 도자기 업체 로열 덜턴의 전신이었기 때문에 오늘날 로열 덜턴 업체의 창업 연도는 1815년으로 기록되고 있다.

존 덜턴은 공동 경영을 통해 회계 지식과 상품 관리의 기술을 익혔다. 1820년 존스 부인이 은퇴하면서 회사명은 '왓츠 앤 덜턴(Watts & Doulton)'으로 개칭되었다. 회사의 경영 상황은 매우 양호하였으며, 경영권도 서서히 젊은 덜턴으로 옮겨 갔다.

1826년에는 램버스 하이 스트리트(High Street)에 위치한 오래된 도자기 공장을 인수한 뒤 본사도 이전하였다. 그 부지는 램버스에서도 성공회 최고 성직자인 캔터베리 대주교(Archbishop of Canterbury)가 머무는 램버스궁(Lambeth Palace) 다음으로 넓었다. 회사를 이전하면서 회사명도 '덜턴 앤 왓츠(Doulton & Watts)'가 되었다.

새 공장에서는 잘 부식되지 않고 내구성과 내수성이 우수한 '식염 유약 석기(Salt Glaze Stoneware)'를 소재로 구두약 용기와 잉크병, 머그잔, 물병, 촛대 등의 소품류를 생산하였다. 그리고 석기의 강도뿐만 아니라 내수성도 잘 살린 법랑의 석기로 굴뚝 도관, 벽돌, 외벽용 타일 등의 건축 자재와 정원에서 사용하는 테라코타 화분 등의 대형 작품들도 생산하기 시작하였다.

그리고 1820년대 후반부터는 정수기의 카트리지를 개발하는 일도 진행하였다. 당시 런던에서는 공장 폐수로 인한 하수의 오염이 매우 심각한 상태에서 장티푸스와 콜레라가 유행하여 사회적인 문제로 떠올랐다. 정수기 사업은 국민이 먹는 식수의 안전성을 담보하는 중요한 공공사업이었다.

덜턴의 보온 용기인 탕파(湯婆). 20세기에는 호텔 로고가 들어간 제품도 큰 인기를 끌었다.

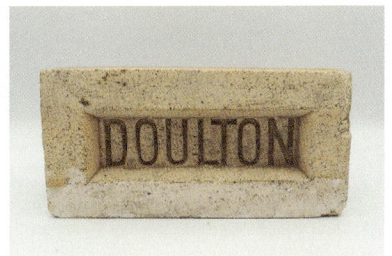

진저비어를 담던 용기. 그 외에도 식염 유약 석기로 잉크병과 물병 등 다양한 용품들이 생산되었다.

회사명 'DOULTON'이 새겨진 벽돌. 앤티크 상점에서 종종 구입할 수 있다.

테라코타로 만든 지붕 장식. 빅토리아 시대에는 이런 장식의 주택들이 많이 건설되었다.

덜턴 업체의 정수기. 상부 탱크에 물을 부으면 여과되어 아래로 내려오는 구조이다.

1840년 무렵에는 런던에 인구가 폭발적으로 증가하면서 사회적인 위생 상태도 나빠져 전염병이 창궐하였다. 그러한 배경 속에서 덜턴 앤 왓츠 업체는 공공재 성격의 수도관, 배수관, 하수관의 생산에도 착수하였다. 18세기경까지 영국에서는 느릅나무 목재에서 심을 도려낸 목제 수도관을 대부분 사용하고 있었다.

덜턴 앤 왓츠 업체에서 식염 유약 석기의 기술을 적용한 제품들은 내구성과 품질면에서 훌륭하여 사람들로부터 높은 평가를 받았다. 빅토리아 여왕의 부군이자 위생위원회의 회장으로 있던 앨버트 공은 이러한 공공 위생 사업들을 적극적으로 장려하였다.

이러한 사회적인 지원 속에서 덜턴 앤 왓츠 업체는 1846년 수도관, 배수관, 하수관의 생산 부문을 차남인 헨리 덜턴(Henry Doulton, 1820~1897)에 맡겨 '헨리 덜턴 앤 컴퍼니(Henry Doulton and Co.)'로 분사시켰다. 이때부터 영국 도시의 지하에는 헨리 덜턴 앤 컴퍼니의 제품들이 내장되었고, 그러한 배경으로 프랑스 파리에서도 배관 공장들이 증설되었다.

1851년 런던 만국박람회에서는 민턴, 웨지우드 등의 도자기 업체들은 미술 부문에 장식품들을 주로 출품하였지만, 덜턴 앤 왓츠 업체에서는 산업 부문에 정원용 테라코타 항아리, 트위스트 기법을 가한 도기로

위생 도자기로
만들어 큰 인기를 끌었던
세면대와 변기.

「시간과 낫」이라는 이름의 큰 테라코타 상, 그리고 소수의 물병 등 주로 생활용품을 출품하였다.

그 가운데 두 작품이 영예의 1등을 차지하면서 존 덜턴은 영국 왕립 미술가협회의 정회원으로 추대되었다. 이 런던 만국박람회가 대성공을 거두면서 영국 정부는 그 수익금으로 미술관, 박물관, 공원 등 공공시설들을 건립하였다. 이 과정에서 덜턴 앤 왓츠 업체의 건축 자재에 대한 수요도 크게 높아졌다.

1853년 공동 출자자인 왓츠가 은퇴하면서 존 덜턴은 덜턴 앤 왓츠 업체와 배관 등을 전문적으로 생산하는 헨리 덜턴 앤 컴퍼니를 합병하여 '덜턴 앤 컴퍼니(Doulton & Co.)'(이하 덜턴 업체)를 설립하였다. 이때부터 단독 경영 체제에 나서면서 산업용 제품의 생산에 주력하여 경영 실적을 늘려나갔고, 70여 개에 달하는 가마에서 일하는 도예가들은 날마다 일에 쫓기는 생활의 연속이었다.

여성 작가들로 예술성을 꽃피운 램버스 지역의 '로열 덜턴'

1854년 '아트 앤 크래프트' 운동의 사회 흐름으로 램버스(Lambeth) 지역에 윌리엄 그레고리(William Gregory)에 의해 '램버스 스쿨 오브 아트(Lambeth School of Art)'(이하 램버스 예술 학교)가 설립되었다.

1856년 예술 총책임자이자 교장으로 부임한 존 찰스 루이스 스팍스(John Charles Lewis Sparkes, 1833~1907)는 이 예술 학교를 운영하기 위하여 같은 지역의 존 덜턴에게 자금의 지원과 작품 제작의 협력을 요청하였다. 그러나 존 덜턴은 예술에는 무관심하였고, 차남인 헨리 덜턴도 회사 차원에서 예술 학교를 지원하는 일에 처음에는 부정적인 입장이었다.

스팍스 교장은 시간을 두면서 끈질기게 덜턴 부자와 인연을 맺었다. 1860년 램버스 예술 학교 신축 건물의 완공을 축하하는 기념으로 주전자인 저그(jug)의 제작을 덜턴 업체에 맡긴 것을 계기로 서서히 친해졌다. 그 뒤 1863년에는 헨리 덜턴이 학교 경영위원에 위촉되었다.

헨리 덜턴은 1862년~1868년에 램버스 지역의 하원의원으로 활동하였기 때문에 지역 사회에 공헌하려는 마음으로 학교 경영위원회에 참여하였는지도 모른다. 이때부터 헨리 덜턴과 램버스 예술 학교의 인연이 더욱더 돈독해지면서 1864년에는 예술 학교가 덜턴 업체에서 건립하는 새 공장의 정면 디자인을 맡았다.

본래 덜턴 업체에서는 대부분의 매출을 산업용 자재와 위생 자기의 제품에 의존하고 있었다. 이렇게 예술과는 전혀 인연이 없던 덜턴 업체가 예술품을 적극적으로 제작하게 된 것은 예술 학교 출신의 조각가인 조지 틴워스(George Tinworth, 1843~1913)가 입사한 뒤부터였다.

덜턴 업체의 본고장인 램버스 지역을 산책하면 그 업체의 수많은 작품을 만날 수 있다. 가운데 건물은 덜턴 업체의 건축 자재로 지은 본사 사옥이다

틴워스는 1862년 예술 학교에 입학한 뒤 학회에 작품을 출품하는 등 조각가로서 재능을 발휘하였다. 그러나 틴워스는 가업인 수레의 목수 작업에 쫓겨 예술 활동을 계속 진행할 수 없었다. 이러한 상황을 딱히 여긴 스팍스 교장이 헨리 덜턴에게 부탁하여 틴워스를 덜턴 업체에 취업시킨 것이다.

그 뒤 스팍스의 조언을 받아 덜턴 업체에서는 고딕 양식의 여과 장치와 대영박물관에 소장된 고대 그리스와 이탈리아 시칠리아의 동전을 모티브로 한 테라코타 메달을 제작하였다. 그런데 당대의 미술 비평가인 존 러스킨(John Ruskin, 1819~1900)이 이 메달을 보고 극찬하면서 틴워스와 덜턴 업체는 영국 미술계에서도 큰 주목을 받았다.

덜턴 업체에서는 1867년 파리 만국박람회에 산업용 도자기 제품과 함께 틴워스의 예술품도 출품하였다. 산업용 도자기 제품들은 새로운 기술 개발이 없었기 때문에 실적이 부진하였다. 그러나 틴워스의 도자기 예술품들은 프랑스의 미술 평론가들로부터 호평을 받았다.

이때부터 헨리 덜턴은 예술 도자기 부문에 본격적으로 투자하고 예술

여성들이 팀을 이루어 제작한 비슷한 유형의 작품들.

가들도 적극적으로 육성하기로 결정하면서 램버스 공장에 아트 스튜디오를 마련하였다.

민턴 업체의 아트 스튜디오는 외국 예술가들에게 고액의 보수를 내걸고 초빙하였지만, 덜턴 업체에서는 예술 학교에서 우수한 성적을 거두고 있는 예비 예술가들을 채용하였다. 예를 들면 아서 바로(Arthur Barlow, 1845~1879)와 그의 여동생 해너 바로(Hannah Barlow, 1851~1851~1916), 플로렌스 엘리자베스 바로(Florence Elizabeth Barlow, 1856~1909)를 적당한 임금으로 채용한 것이다.

덜턴 업체는 이렇게 새롭게 영입한 예술가들과 함께 틴워스가 제작한 작품들을 1871년 사우스켄싱턴에서 열린 만국박람회에 출품하였다. 덜턴 업체는 만국박람회에 참가한 경험이 적은 업체였기 때문에 도자기 전시관 중에서도 조명이 잘 들지 않는 불리한 위치에 작품들을 전시할 수밖에 없었다.

그런데 전시 기간에 작품들의 예술적인 가치가 집행위원들로부터 높이 평가되면서 웨지우드, 민턴 업체의 전시품들과 나란히 전시되는 쾌거를 이루는 등 덜턴 업체에는 행운이 뒤따랐다.

해너 바로의 도자기 항아리 작품.

한편 해너 바로는 덜턴 업체 역사상 최초의 여성 직원이었다. 이러한 후광으로 덜턴 업체에서는 10년 동안에 무려 229명이나 되는 여성 직원들을 고용하였다. 훗날 헨리 덜턴은 다음과 같이 회고한 것으로 전해진다.

> 예술에서 아름답고 매력적인 작품들은 여성들에서 나온다. 여성 도예가들을 만나지 못하였다면 내 인생은 정말 아무런 재미도 없었을 것이다.

빅토리아 시대에는 여성들의 사회 진출이 그다지 많은 편이 아니었지만, 창업자인 존 덜턴이 존스 부인과 함께 근무하였고, 또 헨리 덜턴도 여성들에게 예술 교육에 대한 지원을 아끼지 않은 배경으로 덜턴 업체

동화의 삽화를 모티브로
제작한 타일.
아이들 방의 벽화로
큰 인기를 끌었다.

'여성의 일요일'에 자극을 받아 레슬리 해러딘(Leslie Harradine, 1887~1965)이 디자인한 소금 후추통. 1908년 어느 일요일 약 4만 명의 활동가들이 여성 참정권을 요구하면서 런던의 하이드파크까지 행진한 뒤 50만 명의 시민들 앞에서 연설한 것을 계기로 제작한 작품이다.

여성 참정권을 호소한 단체인 '여성사회정치연합'의 활동가를 표현한 「HN2816」의 피겨. '서퍼러제트(Suffragettes)'로 불린 그녀들의 상징색인 '보라색, 녹색, 흰색'의 어깨띠와 표장이 큰 특징이다.

에서는 여성들이 경력을 충분히 쌓으면서 근무할 수 있었다.

그러한 배경으로 1882년 헨리 덜턴은 여성 종업원들로부터 감사패를 전해 받았다. 또한 20세기에 들어 여성들의 참정권을 요구하는 '여성 해방 운동'이 일어나자, 덜턴 업체에서는 그 여성 운동을 후원하는 도자기 피겨를 제작하였다.

덜턴 업체는 그 뒤 수많은 박람회에 참가하면서 지명도가 많이 높아지자, 외국의 박물관과 저명 미술가들이 도자기 예술품들을 구입하기 시작하였다. 빅토리아 여왕도 윈저성을 장식하기 위하여 덜턴 업체의 작품들을 구입하였다.

이 당시 덜턴 업체의 예술 작품들은 사실 수지가 맞는 일이 거의 없었다. 반면 주력 분야인 산업용 제품, 위생 도자기, 배수관의 판매에서 큰 수익이 창출되었기 때문에 예술가에게는 예술 부문에서 수지 타산의 책임을 묻지는 않았다고 한다.

그런데 1876년 덜턴 업체의 창업가인 존 덜턴이 세상을 갑작스럽게 떠났다. 주력 분야에서 창출한 수익으로 램버스 지역에 새로운 전시관을 건립하는 등 순조로운 경영을 펼치는 가운데 찾아온 비보였다.

한편, 이 해에 덜턴 업체는 미국 필라델피아 만국박람회에서 5개의 메달을 석권하면서 북미 대륙에서도 판로를 넓혀 나갔다. 이 필라델피아 만국박람회에는 민턴 업체에서 계약직으로 근무하던 디자이너로 당시 자포니즘의 애호가였던 크리스토퍼 드레서도 잠시 들렀다.

크로스토퍼 드레서는 이 박람회의 참석을 목적으로 미국으로 온 것이 아니었다. 1873년 오스트리아 빈에서 열린 만국박람회에는 일본인들이 많이 방문하였는데, 그들이 만국박람회에서 영국 도자기 작품들을 구입한 뒤 귀국하는 길에서 탑승한 프랑스 선박이 침몰하는 대참사가 발생한 것이다.

이로 인해 당시 영국의 유명 도예 작품들과 장래가 촉망되는 도예가들도 함께 깊은 바닷속으로 수장되었다. 이를 안타까워하던 사우스켄싱턴 박물관장이 유럽의 예술품을 일본으로 보내자고 호소하면서 여러 유럽 국가들의 도자기 업체들도 동참하였는데, 이때 크리스토퍼 드레서가 박물관장으로부터 위임을 받아 그의 위문 편지와 함께 수많은 기증품을 가지고 일본으로 가는 도중에 잠시 미국에 들른 것이었다.

필라델피아 만국박람회를 잠시 둘러본 크리스토퍼 드레서는 참가 업체인 덜턴의 작품들이 매우 훌륭하여 현장에서 즉시 구입한 뒤 일본 국왕에게 다른 작품들과 함께 기증하였다고 한다.

또한 이 만국박람회의 참가를 통해 덜턴 업체의 작품들은 예술 잡지에서도 높이 평가되면서 영국 램버스의 전시관에는 관람객들로 북적거리게 되었다. 그 가운데 당시 총리인 윌리엄 E. 글래드스톤(William

Ewart Gladstone, 1809~1898)과 당대의 미술 비평가인 존 러스킨도 자주 방문하였다고 한다.

다시 스토크온트렌트로……

　이러한 인기로 생산의 주문량이 증가하면서 덜턴 업체에서는 새로운 문제들이 발생하였다. 런던의 도시화가 진행되면서 덜턴 업체의 수익이 상당히 올랐지만, 정작 도자기 공장에서 일하는 종업원들의 열악한 노동 환경과 아동의 장시간 노동 등을 개선해야 하는 문제점들이 대거 발생한 것이다.

　그런데 도심 한복판에 있는 공장에서는 좀처럼 해결할 수 없는 문제점들도 있었다. 그러한 가운데 1872년 이웃한 램버스궁에 거주하는 성공회 최고위직인 켄터베리 대주교가 '공장에서 연기가 궁전까지 날아와 내가 대체 생활을 할 수 없다'는 취지의 항의 서한을 보내온 것이다. 이를 계기로 헨리 덜턴은 런던을 떠날 계획을 세우기에 이른다.

　덜턴 업체에서는 공장의 본격적인 이전에 앞서 기반을 닦기 위하여 도자기 산업으로 번성한 스태퍼드셔주 스토크온트렌트의 버즐럼 지역에서 1860년에 창업한 도자기 업체인 '파인더, 본 앤 컴퍼니(Pinder, Bourne & Co)'와 동업 관계를 맺었다.

　파인더, 본 앤 컴퍼니의 사장은 덜턴 업체의 기술에 감명을 받아 동업 관계를 환영하였지만, 시간이 점차 흐를수록 생각의 차이가 나타났다. 결국 분쟁이 일어났고, 수년 동안의 재판을 거쳐 1877년 파인더, 본 앤 컴퍼니는 헨리 덜턴의 동생인 제임스 덜턴(James Doulton,

1835~1889)의 소유가 되면서 회사명도 '덜턴 앤 컴퍼니(Doulton & Co.)'로 바꾸었다.

그 뒤 산업 제품 부문은 버즐럼 공장으로 이전하고, 예술 작품 부문은 규모가 줄어든 램버스 공장에 남겼다. 그리고 버즐럼 공장에서는 1884년에 본차이나의 도입을 시도하였는데, 이는 헨리 덜턴이 버즐럼 공장에 출장을 왔던 것이 계기였다.

그가 공장에 출장으로 방문하였을 때 그림의 견본에 대한 주문이 북미 지역에서 급하게 들어왔다. 급박한 의뢰에 당황한 공장 책임자는 자사 업체에서 만든 도자기에 그림을 그리면 윤곽이나 채색이 선명하지 않을 것으로 판단하여 순간 프랑스제 백자에 견본의 그림을 그린 뒤 아무런 생각도 없이 거기에 덜턴 업체의 로고를 백스탬프로 찍은 것이다.

이때 우연히 출장을 나왔다가 이를 본 헨리 덜턴은 다른 업체의 백자에 자사 로고를 백스탬프로 찍은 직원이 자부심이 없다고 판단되어 격분하였다. 그러나 헨리 덜턴은 곧바로 자신의 메마르고 불길과도 같은 속이 좁은 성격을 뉘우친 뒤 직원들이 자랑할 수 있는 백자를 지금부터라도 제작해야겠다는 다짐을 마음속에 새겼다.

그는 스토크온트렌트의 예술 학교에서 우수한 인재를 선발하고 민턴과 로열 우스터 업체에서도 도예가들을 영입하여 본차이나의 생산을 실현하였다. 이로부터 버즐럼 공장의 직원들은 1877년 160명이었던 것이 1884년에는 약 500명으로까지 늘어났다.

헨리 덜턴은 새로운 본차이나 사업에서도 큰 두각을 나타냈다. 스토크온트렌트의 장인들은 본래 보수적인 성향의 사람들이 많았기 때문에 빅토리아 시대부터 전통적으로 내려온 고전적인 디자인을 고수하였지만, 헨리 덜턴은 현대적인 새로운 감각의 디자인을 추구하였다.

즉 하얗게 빛나는 본차이나 표면을 아름답게 돋보이도록 하는 문양을 소중히 여겼다. 굳이 화려한 그림을 복잡하게 그리지 않아도 덜턴 업체 특유의 심플한 양식을 내세운 것이다. 이러한 덜턴 업체의 본차이나 작

1900년경 본차이나의 우아한 아르누보 작품.

디자인이 간결한 아르데코 양식의
찻잔 세트(1930년대 작).

품은 남녀노소의 사람들이 모두 사용할 수 있는 간단한 디자인으로 새로운 시대에 수용되어 일반 가정에서뿐만 아니라 호텔이나 레스토랑에서도 널리 사용되었다.

한편 헨리 덜턴은 1885년에 왕립예술원으로부터 창조와 혁신에 공로가 있을 때 수여하는 '앨버트 메달(Albert Medal)'을 받았다. 그리고 1887년에는 도자기 업계에서는 최초로 빅토리아 여왕으로부터 기사 작위를 받았다. 영국의 위생 환경을 개선하고, 새로운 시대의 예술가를 육성하는 일에 앞장섰으며, 여성의 고용에 적극적으로 나서는 등의 업적에 대한 평가였다.

헨리 덜턴은 실은 기사 작위를 받기 이전에도 신사도 넘치게 봉사 활동을 많이 실천한 것으로도 유명하다. 1884년 앨버트 에드워드(Albert Edward, 1841~1910)(훗날 에드워드 7세)의 왕세자비 알렉산드라(Alexandra Caroline Marie Charlotte Louise Julia, 1844~1925)가 영국 여성들에게 미술, 음악, 과학을 가르치는 학교의 후원자가 되었을

사랑스러운
「스태퍼드셔 독
(Staffordshire dog)」
피겨. 이 피겨는
주로 벽난로 위에
장식된다.

때, 헨리 덜턴은 벽난로 등의 건축 자재를 무상으로 또는 원가로만 제공한 일도 있었다고 한다. 아마도 이러한 사회 공헌도 암묵적으로 여왕이 기사 작위를 수여하는 데 작용하였을 것으로 보인다.

1889년 헨리 덜턴의 이러한 봉사 활동에 감동한 인물이 있었다. 로열 우스터 업체에서 조형사로 일하였던 찰스 노크(Charles Noke, 1858~1936)였다. 그는 헨리 덜턴에게 깊은 감화를 받아 자진하여 로열 우스터 업체에서 덜턴 업체로 옮겨 왔다.

찰스 노크는 헨리 덜턴과 마찬가지로 예술적인 재능뿐만 아니라 경영적인 재능도 아울러 갖추고 있었다. 찰스 노크는 18세기 스태퍼드셔주의 전통적인 피겨를 재현하는 데 성공하였다. 특히 사자상과도 비슷해 보이는 「스태퍼드셔 독(Staffordshire dog)」은 큰 인기를 끌면서 영국뿐만 아니라 해외에서도 높은 평가를 받았다.

그러한 가운데 1897년 헨리 덜턴은 '위대한 도자기 제조업자이자, 위대한 상인'이라는 세상의 평가를 뒤로 하고 77세의 일기로 세상을 떠났다. 헨리 덜턴의 삶에 대하여 영국인들은 "하수관을 만들었지만, 예술과 함께 살았다"고 극찬한다. 헨리 덜턴의 무덤에 사용된 벽돌들도 모두 덜턴 업체의 제품들이다.

해러즈 백화점에서 즐기는
'로열 덜턴' 업체의 타일

런던의 명소 중 하나인 해러즈 백화점. 원래 식품 잡화점으로 시작한 이 백화점은 1902년에 푸드 홀의 리노베이션을 단행하였다. 그때 로열 덜턴 업체의 타일을 장식재로 채택하였다.

로열 덜턴 업체에서는 이미 1890년경부터 장식용 타일을 생산하고 있었다. 특히 실내장식용 타일은 주택을 비롯하여 병원, 학교, 도서관, 박물관 등의 공공건물에도 활용되면서 영국뿐만 아니라 해외에서도 수요가 높았다.

해러즈 백화점에서 당시 육류 매장이었던 미트 홀 천장의 디자인은 도예 조각가인 윌리엄 제임스 니트바이(William James Neatby, 1860~1901)가 약 1년 만에 완성한 것이다.

미트 홀 이외 공간인 외벽과 계단 등에 사용된 장식용 타일은 로열 덜턴 업체가 제작하였다. 이러한 타일은 약 120년이나 지난 지금도 당시의 광택을 그대로 유지하고 있다. 심지어 해러즈 백화점의 외벽에 사용된 벽돌도 로열 덜턴 업체의 제품일 수도 있다는 이야기가 있다.

해러즈 백화점의 미트 홀. 로열 덜턴 도자기의 애호가들에게는 더할 나위 없이 좋은 관광 장소이다. 내벽, 천장이 모두 로열 덜턴 업체의 타일로 장식되어 있다.

런던 남쪽 노스우드 묘지에 있는 헨리 덜턴의 묘소. 물론 덜턴 업체의 벽돌로 제작되었다. 근처에는 부친인 존 덜턴의 무덤도 있다.

그가 세상을 떠났을 때 덜턴 업체의 직원들은 그 수가 4000명을 넘었고, 회사 자산은 100만 파운드 이상의 규모였다. 이렇게 대기업이 되자, 헨리 덜턴의 아들인 헨리 루이스 덜턴(Henry Lewis Doulton, 1853~1930)은 대규모 조직의 운영에는 자신의 능력에 한계가 있다고 판단하여 부친이 세상을 떠난 이듬해에 경영 개혁을 진행하고 주식회사로 등기한 뒤 자신은 회장으로 취임하였다.

200년 역사를 자랑하는 도자기 브랜드 업체, '로열 덜턴'

1901년에 즉위한 에드워드 7세는 덜턴 업체에 왕실 조달 허가증인 '로열 워런트'를 수여하였다. 이로써 회사명에 '로열(Royal)'이라는 호칭을 붙이는 것이 허락되었다.

이같이 왕실 조달 허가 업체로 지정되면서 런던의 사보이 호텔과 런던 리츠 호텔 등 유명 호텔들이 위생 자기뿐만 아니라 레스토랑의 테이블웨어마저도 로열 덜턴 업체의 제품을 사용하면서 회사의 이미지 제고와 브랜드의 상승에 큰 역할을 하였다.

1913년 국왕인 조지 5세의 내외가 버즐럼의 나일 스트리트(Nile

Street)에 있는 공장의 개소식에 참석하였을 때 '베드타임(bedtime)'이라는 문구가 새겨진 잠옷 차림의 어린이 피겨를 보고 알렉산드라 왕비가 "어머나! 이런 귀여운 아이!(Isn't he a little Darling?)"라고 말했다고 하여, 그 피겨의 이름을 「달링(Darling)」이라고 바꾸었다는 일화는 유명하다.

버즐럼 공장에서는 대형 위생 도자기 등을 주로 제작하였기 때문에 국왕 내외가 방문할 당시에 왕비의 마음을 사로잡을 만한 작품은 그다지 많지 않았다. 따라서 갓 사업을 시작한 피겨 부문에서 왕비가 발걸음을 일부러 멈춘 것인지도 모른다.

이 피겨가 큰 인기를 끌면서 디자이너인 해리 닉슨(Harry Nixon, 1886~1955)의 머리글자를 따서 「HN」이라는 패턴 번호를 매겼다. 그리고 1920년대부터는 피겨들이 「HN」 시리즈로 잇달아 출시되어 인기 상품이 되었다.

왕비의 마음을 사로잡은 「HN1(달링)」.
손가락을 물고 있는 소년과 양손을 합장하여
기도를 드리는 소녀의 피겨이다.
남녀 아이의 한 쌍으로 제작되었다.
아이들의 모습을 미화하지 않고 그냥 있는 그대로의
모습으로 표현하는 것이 이 시대의 유행이었다.

「HN」 시리즈의 피겨들.
시리얼 번호가 거의 2000번까지
이어졌다.

로열 덜턴 업체가 후원한
'로열 덜턴 밴드'

1974년 도자기 업체 로열 덜턴은 스토크온트렌트의 트렌담(Trentham)에서 활동하는 밴드를 후원하였다. 그 뒤 이 밴드는 '로열 덜턴 밴드(the Royal Doulton Band)'로 이름을 바꾸어 1991년까지 활동하였다. 로열 앨버트 홀에서 지금은 고인이 된 왕세자비인 다이애나 스펜서(Diana Frances Spence, 1961~1997) 앞에서 연주하였다는 기록도 있다.

곡명도 또한 「덜턴 마치(Doultan March)」(덜턴 행진곡), 그리고 그룹 업체가 된 민턴을 주제로 한 「민턴 마치(Minton March)」(민턴 행진곡) 등으로 재미있다. 인터넷에서 다운로드가 가능하여 관심 있는 분은 꼭 들어 보길 바란다.

「버니킨스(Bunnykins)」의 밴드 버전. 부친이 로열 덜턴의 직원이었던 바버라 버넌(Barbara Vernon, 1916~1978)의 스케치에서 탄생한 「버니킨스(Bunnykins)」는 아이들의 인기 시리즈였다.

한편 로열 우스터 업체에서 옮겨 온 찰스 노크의 연구도 계속되고 있었다. 그는 1890년대부터 고대 중국의 '변유(變釉)'에 매료되어 유약 연구를 계속하였다. 산화구리로 불길이 타오르는 듯한 붉은색의 유약을 만드는 일이었다.

그러한 노력으로 마침내 1904년에 중국 송나라 시대의 도자기 비술인 독특한 붉은색을 재현한 작품인 「레드 로열 덜턴(Red Royal Doulton)」이 탄생하였다. 그리고 이 독특한 붉은색은 '덜턴 플람베이(Doulton flambé)'라고 호칭하였다.

불타는 듯한 검붉은색이 휘황찬란한 「레드 로열 덜턴」

수집가가 많은 「토비 맥주잔 시리즈」. 이 작품들은 남성 팬이 많다고 한다. 손잡이가 빅벤인 작품(왼쪽에서 세 번째)은 런던에서 창업하여 성공한 초대 존 덜턴, 손잡이가 램버스 웨어인 작품 (왼쪽에서 다섯 번째)는 예술 부문을 개화시킨 헨리 덜턴이 모델이다.

또한 찰스 노크는 1935년, 18~19세기 스태포드셔주의 전통 제품인 「토비 저그(Toby Jug)」를 복원한 「토비 맥주잔 시리즈」를 발표하였다. 이 토비는 영국의 문학가 찰스 디킨스(Charles Dickens, 1812~1870)의 소설에 나오는 캐릭터이다. 그 외에도 왕실의 일원이나 유명 인사의 얼굴도 머그잔이나 저그에 많이 그려 제작하였다.

한편, 찰스 디킨스는 실은 유년 시절에 구두약 공장에서 아동 노동을 경험한 적이 있었으며, 그곳에서의 체험이 그의 소설의 밑바탕이 된 것이었다. 마침 그 구두약 공장에서는 구두약을 담는 용기를 로열 덜턴 업체의 제품으로 사용하고 있었던 것이다.

이러한 인연으로 1867년 램버스 공장에 아트 스튜디오가 개설되자, 찰스 디킨스가 램버스 공장을 견학하러 왔다고 전해진다. 이를 계기로 로열 덜턴 업체에서는 찰스 디킨스와 관련된 작품들을 많이 제작하였다. 1925년 램버스 아트 스튜디오에는 25명의 예술가가 몸을 담고 있었지만 점차 줄어들었고, 제2차 세계 대전을 계기로 스튜디오는 사실상 완전히 문을 닫은 상태였다. 예술적이고 비싼 제품의 수요가 사라지면서 오히려 버즐럼 공장에서 제작되는 제품 중에서 매출의 발목을 잡는

1930년대를 대표하는
여우 모티브의 수제 작품.
가장자리 손잡이에 그려진 문양은
채찍을 표현한다고 한다.

존재가 되었다. 또한 대도시 런던은 운송비가 많이 들고, 연기 등의 배기가스에 대한 규제가 강화되면서 1956년에 램버스 공장은 결국 폐쇄되었다.

그 뒤 로열 덜턴 업체는 다른 도자기 업체와 마찬가지로 단독 경영이 어려워지면서 다른 기업에 흡수와 합병되는 일이 반복되었다. 그러한 가운데 2005년 나일 스트리트의 버즐럼 공장은 마침내 폐쇄되었고, 모든 도자기 제품들은 해외에 위탁, 생산되고 있다.

참고로 오늘날에는 핀란드 다국적 기업인 'WWRD Holdings Limited'에서 로열 덜턴 업체의 제품들을 생산해 나가고 있다. 이때 회사명인 'WWRD'는 테이블웨어 제조 업체인 워터포드 크리스털(Waterford Crystal), 웨지우드(Wedgwood), 로열 덜턴(Royal Doulton)의 머리글자를 딴 약어이다.

 칼럼

소설 『메리 포핀스』 속의
로열 덜턴 도자기

2018년 개봉한 「메리 포핀스 리턴즈(Mary Poppins Returns)」의 영화에서 메리 포핀스와 아이들이 로열 덜턴 업체의 제품인 「코칭 데이즈(Coaching Days)」 항아리에 그려진 그림 세계로 들어가 마차를 타고 로열 덜턴의 뮤직 홀로 가는 장면이 있다. 이러한 연출이 생긴 것에 대해서는 원래 램버스 지역에는 복스홀 티 가든이 있었고, 음악 활동도 활발하였으며, 로열 덜턴 업체가 음악 밴드를 후원하였다는 배경을 알고 나면 쉽게 이해할 수 있다.

참고로 로열 덜턴 업체가 본사를 두었던 램버스 지역의 변화는 소설 『메리 포핀스』의 원작자인 패멀라 트래버스(Pamela L. Travers,

1899~1996)가 살았던 첼시의 스미스 스트리트에서 3km 정도 떨어진 장소이다. 따라서 램버스 지역의 변화가는 소설 속의 뱅크스 일가가 살았던 거리와 이미지가 거의 같다.

당시 트래버스는 로열 덜턴 브랜드 도자기의 팬이었는데, 소설에 등장하는 풍선 파는 여성도 실은 로열 덜턴 업체의 「HN1315」인 「벌룬 레이디(balloon lady)」를 연상하여 창조한 캐릭터이다. 그 외에도 영화 속 뱅크스 스트리트의 거실에는 「HN」 시리즈의 피겨와

1905년에 발표되어 꾸준히 인기를 끈 찻잔 세트 시리즈인 「코칭 데이즈」. 마차가 등장하는 영국의 다양한 풍경들을 그려 냈다.

1921년에 발표된 작품 「벌룬 레이디(balloon lady)」. 로열 덜턴 도자기의 팬이었던 트래버스도 자택에 소장한 것으로 전해진다.

그녀의 작품 『메리 포핀스의 컴스 백』(1935년)에도 등장한다.

영화 「메리 포핀스 리턴즈」의 포스터. 로열 덜턴 업체의 역사를 알고 나서 감상하면 이해도가 더 높다.

램버스 웨어인 꽃병 등 로열 덜턴 업체의 작품들이 다수 장식되어 있다. 메리 포핀스와 아이들이 하수구 속을 활보하는 장면 등은 로열 덜턴(하수도 배관을 위생 도자기로 생산한 업체) 업체의 팬들에게는 얄미울 정도의 연출이다.

부록 1

영국 도자기 업체 에피소드

에피소드 1

'리지웨이'와 '콜던'

리지웨이 일가의 활약

'리지웨이(Ridgway)' 업체는 1794년 잡 리지웨이(Job Ridgway, 1759~1814)와 형인 조지 리지웨이(Georgy Ridgway, 1757~1823), 그리고 윌리엄 스미스(William Smith, ?~1798)가 공동으로 스토크온트렌트 북부의 핸리(Hanley) 지역에 도자기 공장을 설립하고, 회사명을 '리지웨이 앤 스미스(Ridgway & Smith)'로 정한 것이 시초이다.

1798년 윌리엄 스미스가 세상을 떠나자 잡 리지웨이가 그 뒤를 이어 1802년 셸턴(Shelton) 지역에 새로이 '콜던 플레이스 웍스(Cauldon Place Works)'를 건립하였다. 1808년 잡 리지웨이의 두 아들 존 리지웨이(John Ridgway, 1785~1860)와 윌리엄 리지웨이(William Ridgway, 1787~1864)가 공동 경영자로 참여해 '잡 리지웨이 앤 선스(Job Ridgway & Sons)'로 회사명을 변경하고 본차이나를 생산하기 시작하였다.

얇고 가벼운 재질의 본차이나에 스포드 업체나 로열 우스터 업체에 영향을 받은 꽃과 풍경을 그린 작품은 본가의 작품에 버금갈 정도로 매우 섬세하고도 아름다운 완성도로 시장에서 높은 평가를 받았다. 두께감 있는 금채(金彩)(금장식)도 큰 특징 중의 하나였다.

1814년 잡 리지웨이가 세상을 떠나자 '존 앤 윌리엄 리지웨이(John & William Ridgway)'로 회사명을 변경하였다. 1830년 존 리지웨이는 상류층 고객을 위한 고품질의 도자기를 제작하고, 동생은 중산층을 대상으로 특히 미국 시장을 겨냥한 도자기 제품을 제조하기 위하여 사업 부문을 양분하였다. 1851년에 열린 만국박람회에서 존의 작품은 빅토리아 여왕으로부터 극찬을 받으면서 왕실 조달 허가증인 '로열 워런트'를 받았다.

콜던 업체로

1859년 리지웨이 일가는 경영 일선에서 물러났다. 그리고 1905년 회사명은 공장의 이름을 따서 '콜던 업체(Cauldon LTD.)'로 변경되었다. 당시 얇은 소재에 화려한 금채를 얹어 전사 스티커를 활용한 로코코 양식의 테이블웨어들이 많이 제작되었는데, 그 많은 디자인은 리지웨이로부터 계승된 것이다.

콜던 업체는 선대로부터 고급 장식 기술을 이어받아 미국의 유명 백화점과 고급 보석상 등으로부터 좋은 평가를 받으면서 화려한 디너 서비스와 티 서비스의 주문을 많이 받았다. 고객 업체 중에는 뉴욕의 '티파니 앤 컴퍼니(Tiffany & Co.)'도 포함되어 있었다.

그러나 제1차 세계 대전이 끝난 뒤 경영이 어려워지면서, 1920년 도자기 업계의 사업가인 해럴드 테일러 로빈슨(Harold Taylor Robinson, 1877~1953)이 공장을 10만 파운드에 매입하고 그 자신이 자산 관리인이 되어 회사명을 '콜던 포터리스(Cauldon Potteries. Ltd.)'로 변경하였다. 1925년에는 콜포트 업체를 인수 및 통합하고, 콜포트 브랜드의 작품들도 콜던 플레이스 웍스에서 생산하였다.

1930년 무렵부터 '로열 콜던'의 백스탬프를 찍었지만, 세계 경제 대공황의 여파로 미국에 대한 수출이 급감하면서 쇠퇴한 결과, 인수와 합병 등을 여러 차례 거치면서 결국 1996년에 공장이 폐쇄되었다.

빅토리아 시대 이후 영국 왕실 조달 업체로 영화를 누린 도자기 업체 '리지웨이', '콜던'의 테이블웨어들은 애프터눈 티에 빛을 더해 주는 식기로서 오늘날에도 수많은 여성 팬들을 두고 있다.

에피소드 2

슈롭셔주의 '카플리'와 '콜포트'

카플리 업체

세계 유산으로 등록된 아이언브리지 협곡(Ironbridge Gorge)이 위치하여 매우 유명한 슈롭셔주는 점토와 석탄 자원이 풍부해 도자기를 제작하는 데 최적의 환경을 갖추고 있다. 조사이어 스포드의 매형인 앰브로즈 갤리모어(Ambrose Gallimore, ?~?)가 1754년 이곳에 도자기 공장을 차렸다. 그런데 1772년 이 도자기 공장에 우수한 기술자 한 사람이 들어왔다. 그 사람은 바로 '토머스 터너'였다. 그는 로열 우스터 업체에서 스승인 로버트 핸콕으로부터 동판 조각 기술을 배웠으며, 도자기 제조에 관한 다양한 기술들을 섭렵하고 있었다.

토머스 터너는 당시 일하던 '우스터 업체'를 그만둔 뒤, 1772년 앰브로즈 갤리모어의 도자기 공장과 자본 제휴를 맺고 1775년 도자기 업체인 '카플리(Caughley)'를 창업하였다. 여기에 우스터 업체에서 일하던 로버트 핸콕이 이적하면서 카플리 업체는 창업 초창기부터 수준 높은 작품들을 제작할 수 있었다. 도자기 공장의 이름은 '로열 설로피언(Royal Salopian)'이었다.

1783년 토머스 터너는 런던의 포르투갈 스트리트에 매장으로 '설로피언 차이나 하우스(Salopian China House)'를 개장하였다. 바로 그해에는 런던의 도자기 상인으로서 우스터 업체의 유통 대리업을 맡고 있던 토머스 플라이트가 우스터 업체를 인수하였다.

이때 플라이트에 반발한 체임벌린 부자는 3년 뒤 우스터 업체를 떠났다. 카플리 업체는 당시 자사의 로열 설로피언 공장에서 백자와 바탕 안료를 입힌 도자기만 제작하였고, 채색화와 금채(금장) 등의 마무리는 외주에 맡기는 상황이었다. 그러한 가운데 우스터 업체에서 같은 동료였던 체임벌린 부자가 독립하였다는 소식을 듣고 도자기의 그림 작업을 의뢰하였다.

카플리 업체는 플라이트 일가가 경영하는 우스터 업체와는 오래전에 결별하였지만, 체임벌린이 독립한 1788년부터는 체임벌린 업체와 사업과 관련하여 더욱더 긴밀한 관계를 맺었다. 그리고 체임벌린 업체에 대한 백자의 공급 판매는 체임벌린 업체가 백자를 자체 소성한 1793년까지 지속되었다. 한편 1793년 슈롭셔주에 운하가 개통되면서 도자기 소성에 필요한 석탄이 공장까지 직접 운송되어 이 고장의 도자기 산업은 크게 발전하였다.

콜포트 업체

콜포트(Coalport) 업체의 창립자인 존 로즈(John Rose, 1772~1841)는 1772년 슈롭셔주에서 가난한 농부의 아들로 태어났다. 존 로즈는 1780년부터 카플리 업체에서 도자기업을 배우기 시작하였다.

존 로즈는 1795년 카플리 업체에서 수습을 마치고 슈루즈버리시의 시장을 역임한 사업가인 에드워드 블레이크웨이(Edward Blakeway, 1720~1811)로부터 자금을 지원받아 슈롭셔주의 조그만 마을인 콜브룩데일(Coalbrookdale)의 콜포트(Coalport)로 가서 '콜포트' 업체를 창립하였다.

존 로즈의 새 공장은 세번강을 사이에 두고 카플리 업체와 마주 보았다. '콜포트(Coalport)'라는 지명은 콜브룩데일 지역에 도착한 선박에서 '석탄(coal)'이 하역되는 '항구(port)'에서 유래한 것이다.

한편 카플리 업체는 1790년대 100명의 노동자를 고용하는 수준까지 성장하였는데, 체임벌린 업체가 백자를 자체 소성에 나서자 그림의 채색을 이제는 콜포트 업체에 의뢰한 것이다. 사업이 성장하면서 콜포트 업체의 존 로즈는 런던에 소매점을 열었다.

1796년부터는 반경질 도자기(Hybrid hard paste)를 제작하였다. 콜포트 업체에서 생산하는 백자는 내구성이 좋고 품질이 우수하다는 평가를 받아 외부 도예 화가로부터 수요가 많았다. 그리고 1798년에는 본차이나의 원료 도토도 생산하였다. 그러나 반경질 도자기에 대한 평판도 여전히 좋았기 때문에 본차이나의 본격적인 도입은 다른 업체보다 뒤늦은 1840년 이후부터였다.

한편 1799년 토머스 터너는 병환에 시달리면서 카플리 업체의 경영이 어려워지자, 자신의 업체에 대한 인수 제의를 콜포트 업체에 전하였다. 이때 존 로즈는 한때 옛 동료가 창립한 카플리 업체를 곧바로 인수하기에 이른다.

1802년 확장한 콜포트 업체에는 그의 사위인 새뮤얼 워커(Samuel Walker, ?~?)와 '꽃의 화가'라 칭송되는 윌리엄 빌링슬리가 전입하였다. 윌리엄 빌링슬리는 당시 크라운 더비 업체, 우스터 업체에서 근무한 뒤에 더 아름다운 백자를 찾아 여러 도자기 업체들을 전전한 뒤, 결국에는 본인이 직접 도자기 업체 '낸거우(Nantgarw)'를 창립하였다. 그러나 경영에 미숙하여 빌링슬리는 거액의 채무를 떠안은 상태였다.

존 로즈는 당시 윌리엄 빌링슬리가 일하던 도자기 업체 '스완지(Swansea)'와 '낸거우'를 지원하는 조건으로 윌리엄 빌링슬리에게 콜포트 업체에 협조해 달라고 요청하였다. 그리고 도자기 업체 스완지는 1826년, 낸거우는 1822년에 각각 생산 활동이 중단되었지만, 윌리엄 빌링슬리는 1828년에 세상을 떠나는 그 순간까지 콜포트 업체에 공헌하고 콜포트 지역에서 잠들었다.

사위인 새뮤얼 워커도 우수한 재료과학자로서 새로운 유약과 물감의 배합 연구에 전념하였다. 훌륭한 인재를 손에 넣은 존 로즈는 생산 체제를 강화하기 위하여 당시 주로 사용하던 '납 성분의 유약'을 사용하지 않고 '무연 장석 유약'을 사용하여 '펠스타 도자기(Felstar Porceliain)'를 제작하면서 예술협회로부터 금메달을 수상하였다. 또한 크라운 더비 업체의 인기 브랜드인 '이마리' 양식에도 큰 영향을 받았다.

1830년 윌리엄 4세(William IV, 1765~1837)의 왕비인 작센마이닝겐의 애들레이드(Adelaide of Saxe-Meiningen, 1792~1849)의 이름을 따서 「애들레이드 셰이프(Adelaide Shape)」 작품을 발표하였다. 국왕 내외의 즉위식 행사와 함께 이 디자인의 도자기들은 상류층에서 큰 사랑을 받았다. 로코코 리바이벌의 영향으로 이 무렵부터 콜포트 업체에서는 디너 및 티 테이블웨어 세트를 비롯해 화병, 시계, 바구니, 물병, 피겨 등 세브르 양식의 작품들이 대폭 늘어났다. 콜포트의 도자기 공장에서도 활기가 넘치면서 수많은 장인이 기량을 뽐냈던 시대였다.

1835년에는 '로킹엄 웍스(Rockingham Works)'로부터 도예 화가 존 랜덜(John Randal, 1810~1910)을 영입하였다. 존 랜덜은 그 뒤 46년 동안 콜포트 업체에 종사하면서 수많은 공로를 세웠다. 그는 1867년 연수 차원에서 프랑스 세브르 지역을 방문한 뒤부터 세브르 양식의 그림을 많이 그렸으며, 특히 새의 그림을 잘 그린 것으로 유명하다.

1841년 창업자 존 로즈가 세상을 떠날 무렵, 도자기 업체 콜포트는 이미 영국에서도 확고한 브랜드 기업으로 자리를 잡았다. 그의 공적은 '영국에서 최고의 수익성과 예술성을 겸비한 명문 도자기 업체'라는 평가를 받을 정도였다. 이러한 유명세로 1845년 마침내 빅토리아 여왕이 러시아 황제 니콜라이 1세(Nikolai I, 1796~1855)에게 보낼 헌상품인 도자기 세트의 제작을 의뢰하였다. 이 도자기 세트는 1851년 런던 만국박람회에 전시된 뒤 오늘날에는 '빅토리아 앤 앨버트 박물관', '콜포트 도자기 박물관'에 소장되어 있다.

콜포트 업체에서는 1840년대 후반부터 패리언 도자기도 만들기 시작하였다. 제품이 불티나게 팔리면서 콜포트 업체의 종업원 수도 약 500명으로 늘어났다. 1851년 런던 만국박람회에서는 세브르 양식의 환상적인 분홍색이 특징인 「로제 퐁파두르(Rosé Pompadour)」 작품을 재현해 금상을 수상하였다.

한편 콜브룩데일에는 1853년에 문학과학연구소가 설립되었고, 1856년에 미술학교도 설립되었다. 이로 인하여 도예가로서의 기술을 익히고 졸업한 학생들이 콜포트 업체에 많이 채용되었다.

창업자인 존 로즈가 세상을 떠난 빈자리에서 콜포트 업체의 부흥에 힘써 온 윌리엄 프레드릭 로즈(William Frederick Rose, ?~?)가 은퇴하자, 콜포트 업체의 경영도 잠시 정체되었다. 그러한 가운데 1880년 기술자였던 피터 브루프(Peter Bruff, 1812~1900)가 콜포트 업체를 인수하면서 경영 상태가 다시 정상화되면서 도자기의 품질과 회사의 기세도 옛 모습을 되찾아 나갔다. 그 무렵 자포니즘의 영향을 받은 섬세한 작품들도 많이 제작되었다.

1890년경 훗날 콜포트 업체의 도자기를 대표하는 디자인이 될 「배트윙(Batwing)」 작품이 발표되었다. 그런데 20세기에 들어서 콜포트 업체의 가장 주력 디자인인 세브르 양식이 시대에 더 이상 맞지 않으면서 경영 상황도 다시 내리막길로 접어들었고, 마침내 1925년 콜던 업체에 인수되기에 이르렀다. 그리고 이듬해인 1926년에는 공장마저 폐쇄되었다. 콜던 업체가 인수한 뒤에도 콜포트 업체의 브랜드는 계승되었다. 그 디자인은 다시 콜던 업체에서 웨지우드 업체로 인계되었지만, 1986년을 마지막으로 '콜포트'라는 브랜드명은 더 이상 사용되지 않았다.

콜포트 업체의 공장이 들어서 있던 곳은 1976년부터 '콜포트 도자기 박물관'으로 개관되어 공개되고 있다. 이곳에 전시된 작품들을 유심히 둘러본다면 콜포트 업체의 도자기 역사를 한눈에 볼 수 있다.

이 박물관 부지 내에는 또 다른 건물이 있는데, 그곳에는 카플리 업체의 도자기들을 중심으로 전시해 놓고 있다. 처음 방문하는 사람들은 콜포트 업체의 우아한 로코코 양식의 분위기와 '블루 앤 화이트' 양식의 수수한 작품이 격차감 있게 공존하는 데 큰 놀라움을 느낄 것이다. 그리고 두 도자기 명가의 작품들이 같은 공간 내에 오늘날까지도 잘 전시되는 모습에서 슈롭셔주 사람들의 자부심을 잠시나마 느껴 볼 수 있다.

에피소드 3

롱턴 지방의 '아인슬리 차이나'

영국의 도자기 업체 '아인슬리 차이나(Aynsley China)'의 창업자인 존 아인슬리(John Aynslay, 1752~1829)는 1752년에 잉글랜드 북동부의 뉴캐슬어폰타인(Newcastle upon Tyne)에서 태어났다.

그는 1775년 스토크온트렌트의 롱턴(Longton) 지방에 도자기 업체를 설립하였다. 존 아인슬리는 어린이와 여성이 안심하고 일할 수 있는 도자기 공장을 만들기 위하여 고용 시스템을 개선하고, 종업원의 복리 후생을 중요시하였다.

또한 회사에 일거리를 안겨 주는 사람들 중에는 스포드 업체의 창립자인 조사이어 스포드도 있었다. 1790년부터 존 아인슬리는 스포드와 함께 인근의 펜턴 탄광에 투자를 시작하였다. 1796년 그는 도자기에 그림을 그리는 작업뿐만 아니라 소재인 도토의 소성을 비롯하여 도자기를 완성품으로 제작할 수 있는 공장인 '플린트 스트리트 포터리(Flint street pottery)'를 설립하였다.

이 공장에서 제작한 작품에는 '믿음을 갖고 올곧은 길을 간다면 어떤 어려움도 극복할 수 있다'는 그의 신조가 새겨져 있다. 그런 존 아인슬리도 1829년 세상을 떠나고야 말았다. 부고에는 '도자기 업체를 일으키고 유약을 바르는 작업에 종사하였다'고만 기재되어 있었다.

그 뒤 플린트 스트리트 포터리 공장은 차남인 제임스 아인슬리(James Aynsley, 1801~1841)가 승계하였다. 그런데 창업자가 사망한 뒤 예전에 투자한 광산 업체가 은행과 함께 도산하면서 결국 도자기 공장도 내놓을 수밖에 없을 정도로 경영 상태가 어려워졌다. 제임스 아인슬리는 도자기 업체에 성실하게 종사하였지만, 아버지로부터 이어받은 도자기 사업을 끝내 일으키지 못하고 도자기 공장의 평범한 장인의 한 사람으로서 1841년에 세상을 떠나고야 말았다.

그의 아들인 존 아인슬리 2세(John Aynslay II, 1823~1907)는 9세 때부터 같은 지역의 도자기 공장에서 아동 노동을 시작하였다. 매일 새벽 5시에 일어나 출근한 뒤 12시간씩 일하고는 고작 2펜스를 받았다. 그는 1844년부터 민턴 업체에서 수습생으로 일하였다. 마침 이 시대에 민턴 업체는 세브르 양식 작품의 제작, 타일 제조, 마졸리카 도자기의 재현 등 기세를 떨치던 시기였기 때문에 3년간의 수습 생활은 그가 장인으로서 성장하는 데 큰 역할을 하였다.

존 아인슬리 2세는 1847년에 글래드스톤 도자기 공장의 발물레 장인으로서 롱턴 지역으로 돌아왔다. 그리고 1850년 샘슨 브릿지우드(Sampson Bridgewood, ?~1876)의 도자기 공장에서 일자리를 얻고, 1853년에는 샘슨 브릿지우드의 아들인 새뮤얼 브릿지우드(Samuel Bridgwood, ?~?)와 동업 관계를 맺은 뒤 도자기 공장 '앵커 포터리(Anchor Pottery)'를 인수하였다.

1861년 도시 구획의 정리로 기존에 사용하던 공장이 시에 매입되면서 그 보상금으로 '포틀랜드 공장(Portland Factory)'을 새로 건립하였다. 이 공장의 이름은 조사이어 웨지우드의 개업 100주년 기념행사가 1859년에 있었기 때문에 위대한 도예가의 이름을 따서 명명하였다.

포틀랜드 공장에서는 본차이나를 제작할 능력이 충분히 있었지만 아직은 본차이나로 화려하고 고가인 디너용 도자기 세트 등을 제작하지는 않았다. 대신에 애프터눈 티용 세트와 브랙퍼스트용 테이블웨어 등 작은 아이템을 중심으로 제작하였다. 그 이유는 재고를 안고 있지 않으려는 전략과 기존의 자사 도자기를 구입하였던 노동자 계층과 중산층을 여전히 고객층으로 삼기 위해서였다.

1863년 새뮤얼 브릿지우드와의 공동 경영에서 벗어나 단독 경영에 나선 존 아인슬리 2세는 이듬해 공장을 확장하였다. 어느덧 회사는 성장하고 또 생산량도 증가한 가운데 직원들의 복지를 위하여 장시간 근무와 아동의 고용은 금지하였다. 특히 1873년에는 노동 시간을 8시간으로 단축하였다. 빅토리아 시대에는 공장에서 장시간의 근무가 당연한 일이었던 상황에서 이는 매우 선구적인 경영 방식이었다.

한편 존 아인슬리 2세는 자녀들이 마침 도자기 업체의 운영을 승계하면서 일선에서도 물러나 명예회장직을 맡았다. 그리고 지역 정가에 진출하여 1886년 롱턴시장으로 선출, 1890년까지 4년간 시정 활동을 펼쳐 나갔다.

롱턴시장이 된 존 아인슬리 2세는 노동자들의 휴식을 위해 무료로 입장할 수 있는 시민 공원 사업을 추진하였다. 이를 위하여 당시 지주였던 서덜랜드 공작(Duke of Sutherland, 1828~1892)에게 토지의 제공을 요청하고, 자신도 사재를 털어 1000파운드를 기부하였다.

이 시민 공원은 1887년 빅토리아 여왕의 즉위 50주년을 축하하는 '퀸즈 파크(Queen's Park)'로 주목을 받았고, 공원 내에는 서덜랜드 공작과 존 아인슬리 2세의 기념비가 건립되었다. 존 아인슬리 2세는 그 외에도 새로운 극장의 건설을 추진하고 병원의 건립을 위한 자금을 조달하는 일에 힘쓰는 등 만년을 사회에 이바지하다가 향년 83세에 세상을 떠났다.

그의 묘비에는 "롱턴 일대에 고급 도자기 사업을 일으켜 성공한 인물"이라고 새겨져 있다. 그는 평생 존경한 조사이어 웨지우드의 삶을 본받으면서 창업자의 정신도 잊지 않았다.

그 뒤 사업은 자손들에게 승계되어 일가의 경영은 1997년까지 계속 이어졌다. 그리고 영국 왕실의 각종 기념행사 때 기념품을 제작하여 왕실에 조달하는 영예도 얻었다. 2009년에는 존 아인슬리 2세의 혼이 담긴 포틀랜드 공장이 화재로 소실되는 불운을 겪었지만, 외관만큼은 기적적으로 당시의 모습을 간직하고 있다.

한편 2014년 모기업인 아일랜드의 도자기 업체 '벨리크 포터리 그룹(Belleek Pottery Group)'은 아인슬리 차이나 업체의 공장을 폐쇄하는 것으로 결정하였는데, 이는 수주의 감소와 영국에서의 높은 생산비에 따른 것이었다. 당시에는 직원의 수도 적었고, 또 그 직원들이 모두 고령화된 상태였기 때문에 사람들은 곧바로 이러한 결정을 받아들였다.

그러나 일본의 아인슬리 차이나 도자기 유통 대리점은 벨리크 포터리 그룹과 새로 라이선스 계약을 맺고, 일본을 비롯한 아시아권에서는 아인슬리 차이나의 도자기를 계속 판매할 예정이라는 사업 계획을 발표하였다. 오늘날 아인슬리 차이나 브랜드의 제품들은 벨리크 포터리 그룹의 디자이너들과 협력 사업을 통해 주로 중국에서 제작되고 있다.

에피소드 4

조지 4세에 의해 도약한 '대번포트'

도자기 업체 '대번포트 포터리(Davenport Pottery)'(이하 대번포트 업체)는 토머스 울프(Thomas Wolfe, 1751~1818)가 경영하는 도자기 공장에서 도공으로 일하던 존 대번포트(John Davenport, 1765~1848)가 1794년에 스토크온트렌트 롱포트(Longport) 지역의 도자기 공장을 인수하여 창업하였다.

창업한 지 얼마 되지 않은 1796년 웨지우드 2세의 제안으로 스태포드셔주 도자기 업체들을 주축으로 도토공동사용조합(Potters Clay Company)이 발족되었다. 대번포트 업체도 조합에 참여하여 초기에는 웨지우드 업체와 동질의 점토를 사용하고 디자인까지 복사한 모조품의 크림웨어를 제작하거나, 반경질 도자기의 제작에도 도전하였다.

대번포트 업체는 점차 사업이 안정화되자, 1801년부터 플린트 유리(flint glass)와 크리스털 제조에도 나섰는데 그에 대한 시장의 반응도 좋았다. 이러한 가운데 1806년 섭정 황태자(훗날 조지 4세)가 스토크온트렌트를 방문하여 웨지우드, 스포드 업체와 함께 대번포트 업체에도 들러 도자기들을 대량으로 주문하였다.

이 주문에 대응하여 기술과 장식을 향상시키고, 동시에 런던의 셰익스피어 갤러리를 대여하여 전시관을 설치하는 등 적극적인 제품 홍보에 나섰다. 그 뒤 조지 4세, 윌리엄 4세를 거치면서 대번포트 업체는 왕실 조달 허가 업체로 성장하였다.

존 대번포트는 영국 내뿐만 아니라 해외에서도 판로를 찾아 1820년경부터는 차남인 헨리 대번포트(Henry Davenport, 1800~1835)를 경영에 참여시켰다. 아들인 헨리 대번포트의 활약상으로 대번포트 업체는 눈부신 발전을 이루었고, 롱포트의 도자기 공장은 연중무휴로 가동되었다.

한편 도자기 업체의 매출은 많이 증가하였지만, 과도하게 이익을 추구하는 존 대번포트에 대하여 1826년부터 공동으로 출자하였던 헨리 폰티니(Henry Pontigny, ?~?)는 불만이 쌓여만 갔다. 차남인 헨리와 삼남인 윌리엄 대번포트(William Davenport, ?~1869)는 아버지인 존에게 경영 일선에서 물러날 것을 권하였지만, 존은 이러한 권유를 완강히 거부하였다. 결국 폰티니는 대번포트 업체에서 손을 떼고 떠났다.

1803년에서야 존 대번포트는 65세에 회사의 경영에서 완전히 물러났다. 당시 북미, 남미 대륙에도 대리점을 둔 대번포트 업체는 이미 세계적인 기업이 되어 있었다. 존 대번포트는 경영 일선에서 물러난 뒤 차남인 헨리의 권유로 1831년 스토크온트렌트 의회 선거에 출마하였고, 그 결과 웨지우드 2세와 함께 당선되었다.

1835년에는 마침 스포드 업체를 합병한 윌리엄 테일러 코플랜드와 함께 재선에 성공하면서 정계에서도 맹활약하였다. 그런데 재선된 그 해에 존 대번포트는 당시 회사의 경영을 도맡았던 차남인 헨리가 사냥을 나갔다가 낙마 사고를 당하면서 35세의 일기로 세상을 떠나는 불운을 겪게 되었다. 그 뒤 회사의 경영은 삼남인 윌리엄 대번포트가 이어 나갔다.

1840년대 대번포트 업체는 공장들을 인수, 합병하면서 생산의 규모를 증가시켰지만, 이익 지상주의를 추구하는 기업 문화에 대하여 도공들이 파업을 빈번하게 일으키면서 불안한 상황이 계속되었다. 그러한 가운데 1869년에는 윌리엄 대번포트마저 세상을 떠나자, 그의 자손들이 회사의 폐쇄를 요구하여 마침내 1887년 회사의 모든 권리는 도자기 업체인 '버얼리 포터리(Burleigh Pottery)'에 매각되었다.

에피소드 5

경질 도자기를 고집한 '뉴홀'

고령토의 독점권

도자기 업체 '뉴홀 포슬린(New Hall porcelain)'(이하 뉴홀 업체)은 영국에서는 독특하게도 고령토를 사용하여 경질 도자기를 제조하는 업체로 알려져 있다.

도자기의 원료인 고령토는 영국에서 채굴되지 않는 것으로 알려졌지만, 실제로는 콘월 지방의 일부 산에서 소량으로 산출되었다. 뉴홀 업체는 영국 남서부 플리머스(Plymouth) 지역에서 1768년부터 1770년까지 운영되었던 영국 최초의 경질 도자기 업체인 '플리머스 포슬린(Plymouth porcelain)'(이하 플리머스 업체)에서 파생된 업체이다. 이 플리머스 업체를 창립한 윌리엄 쿡워시(William Cookworthy, 1705~1780)가 1768년에 고령토 사용의 특허권, 광산 사용권을 지역의 영주로부터 취득하였다.

그 뒤 1770년에 플리머스 업체는 브리스톨로 이전하였고, 특허는 회사의 공동 경영자인 리처드 챔피언(Richard Champion, 1743~1791)이 매입하여 도자기 업체인 '브리스톨 포슬린(Bristol porcelain)'(이하 브리스톨 업체)을 운영하였다.

이 광산의 독점 사용권은 1770년부터 99년간 사용할 수 있는 조건이었다. 그런데 1775년에 웨지우드 업체를 중심으로 하는 스태포드셔주 도자기 업체들이 반대 운동에 나서자, 이에 대항하는 데 고액의 자금을 날린 데다 광산에서 채굴한 고령토에 대하여 기존의 두 배나 되는 사용료가 부과되기 시작하면서 리처드 챔피언의 사업은 재정상으로 큰 압박을 받았다.

특허 재판을 거쳐 1796년까지 특허권이 연장되었지만, 미국의 독립전쟁으로 인한 금수 조치로 대미 무역에서 적자가 늘어나면서 경영 상태도 크게 악화되었다. 이에 대한 돌파구로서 리처드 챔피언은 도자기 사업의 특허권을 다른 업체에 임대하여 수익을 창출하려고 시도하였지만, 그의 예상과는 달리 이러한 제의에 응하는 사람이 아무도 없었다.

조사이어 웨지우드에게도 제의하였지만 아쉽게도 거절당하였다. 그러나 조사이어 웨지우드는 대신에 스테퍼드셔주에 소재하는 도자기 업체를 중계해 주었다. 그로 인하여 최종적으로 1781년에 총 여섯 명에게 광산 특허권이 분할되어 매각되었다. 그러나 이러한 분할 결정은 사업자들 간에 의견 차이로 이탈자가 속출하였다.

결국 새뮤얼 홀린스(Samuel Hollins, 1748~1820)와 제이콥 워버턴(Jacob Warburton, 1741~1826)을 중심으로 한 업체인 '홀린스, 워버턴 컴퍼니(Hollins, Warburton Co.)'를 경영해 나가기로 결정되면서, 이 업체가 훗날 '뉴홀 컴퍼니(New Hall Co.)'로 불리게 된 것이다.

뛰어난 디자인 기술

도자기 업체 뉴홀의 작품들은 주로 일상 테이블웨어였지만, 고급스러운 그림이 그려진 명품 도자기 작품들도 일부 남겼다. 1787년 크라운 더비 업체와 우스터 업체에서도 활약한 도예 화가인 피델 듀바이버(Fidelle Duvivier, 1740~?)가 합류하면서 장식 기술도 향상되었다.

중국 도자기의 모방에서부터 꽃 줄무늬 장식을 중심으로 하는 세브르 양식의 모조품 등도 제작할 수 있었다. 그 디자인 기술은 얼마나 훌륭하였는지는 웨지우드 업체가 그림의 견본을 얻기 위하여 뉴홀 업체의 작품을 구입하였다는 기록에서도 짐작할 수 있다.

1796년 광산의 독점 사용권이 만료되면서 조사이어 웨지우드 2세와 협력하여 스테퍼드셔주 도토공동사용조합을 설립한 데 이어, 1799년부터 토머스 민턴이 주도하여 설립한 콘월의 도자기용 도토 공급 업체인 '헨드라 컴퍼니(Hendra Company)'에도 솔선수범하여 협력하면서 지역의 도자기 산업을 발전시키는 데에 큰 공적을 세웠다.

처음부터 경질 도자기를 제작하는 업체로 이름을 날린 뉴홀 업체였지만 영국에서도 다른 업체들이 본차이나를 제작하는 데 성공하자, 1812년부터 본차이나의 소성을 위한 연구를 시작하여 1814년에는 결국 상품화에도 성공하였다.

경질 도자기의 제작은 1815년을 마지막으로 특허가 계승되지 않으면서 영국에서 경질 도자기의 사업은 아쉽게도 사라진 상황이다. 뉴홀 업체의 경영 상태는 점차 나빠지면서, 결국 1835년 폐업하였다.

뉴홀 업체의 도자기 작품들은 팬층이 두터워 지금도 찾는 사람들이 많다. 따라서 골동품 시장에서도 뉴홀 업체의 분홍색 장미와 꽃다발 등 아름다운 문양이 그려진 티 볼과 티 포트 등은 지금도 거래되고 있다. 그 도자기의 바탕을 유심히 살펴보면 검은 점과도 같은 흔적들을 눈으로 볼 수 있다. 이는 새하얀 경질 도자기를 제작하려고 시행착오를 거듭한 당시 도예가들의 노력이 깃든 흔적이다.

부록 2

영국 도자기 업체 **연표**

	로열 크라운 더비	로열 우스터	웨지우드
1730년			조사이어 웨지우드가 버즐럼에서 출생.
1733년			
1741년			조사이어가 천연두의 후유증으로 오른쪽 다리에 장애 발생.
1743년	첼시(Chelsea) 창업.		
1744년	보(Bow) 창업.		
1749년			
1750년	프랑스인 앙드레 플랑쉬가 노팅엄 로드에서 도자기를 제작.		
1751년		존 월과 윌리엄 데이비스 등 15인의 명의로 '월 앤 컴퍼니(Wall & Co.)' 설립.	해리슨 도자기 공장에 이어 웰던의 업체에 취직
1752년			토머스 웰던과 공동 사업 시작.
1754년		런던의 올더스게이트 스트리트에 첫 전시관을 개장.	
1755년			
1756년	은행가 존 히스가 도예 화가인 윌리엄 듀스베리와 공동 사업으로 더비(Derby) 업체를 창립, 듀스베리가 경영을 담당.	로버트 행콕이 동판 전사 인쇄술을 도입.	
1759년			삼촌으로부터 아이비 하우스 웍스(공장)을 임차해 웨지우드 업체를 창립.
1760년대		도예화가 제임스 자일스의 활약.	
1761년			경질 도자기 크림웨어의 개발 성공, 판매 시작.
1762년			토머스 벤틀리와 만남.
1763년			공장을 브릭 하우스로 이전.
1764년	리처드 홀드십이 동판 전사 기술을 연구.		사촌인 세라와 결혼.
1765년			샬럿 왕비에게 크림웨어인 커피・티 도자기 세트 납품, '퀸즈웨어'의 칭호를 받음, 런던에 첫 전시관 개장.
1766년			'여왕 폐하의 도예가(Potter to Her majesty)'의 칭호를 받음

스포드	민턴	로열 덜턴	
			1730년
조사이어 스포드가 펜턴 지역의 레인델프에서 출생.			1733년
			1741년
			1743년
			1744년
			1749년
토머스 웰던의 공장에 취직.			1750년
			1751년
			1752년
스토크온트렌트의 '존 터너 · 윌리엄 뱅크스'에 이적, 엘런 핀리와 결혼.			1754년
조사이어 스포드 2세 출생.			1755년
			1756년
			1759년
			1760년대
			1761년
			1762년
			1763년
			1764년
	토머스 민턴이 슈루즈버리에서 출생.		1765년
			1766년

	로열 크라운 더비	로열 우스터	웨지우드
1767년		런던 중심부인 채링 크로스의 스프링 가든에 전시관 개장	
1768년			뉴포트 스트리트에 전시관 개장, 블랙 버솔트의 재현에 성공, 오른발 절단.
1769년	동판 전사 작품의 생산을 종료.		토머스 벤틀리를 동업자로 영입, '에트루리아' 공장 가동 개시, 블랙 버솔트 기법으로 「퍼스트 데이스 베이시스」의 항아리를 제작.
1770년	첼시 업체를 인수 및 합병하여 '첼시 앤 더비' 업체로 회사명 변경, 유약을 바르지 않은 피겨 제작, 이마리 양식의 작품 「이마리(Imari)」 발표.	조지 3세의 동생인 글로스터 공작을 위한 디너 도자기 세트 제작.	러시아의 여제 예카테리나 2세로부터 도자기 세트 「허스크 서비스」를 수주.
1773년	런던에 전시관 개설, 훗날 샬럿 왕비가 방문하여 다수의 작품 구입.		제품의 카탈로그 제작, 러시아의 여제 예카테리나 2세로부터 도자기 세트 「프로그 서비스」를 수주.
1774년	윌리엄 빌링슬리를 도예 화가로 영입.	존 월의 은퇴, 윌리엄 데이비스의 인수.	그리크 스트리트에 새로운 전시관 개장, 재스퍼웨어 개발 성공.
1775년	조지 3세부터 상표에 '크라운'(왕관) 로고 사용이 허가되면서 회사명을 '크라운 더비(Crown Derby)'로 개칭.		재스퍼웨어 상품화 시작.
1776년			
1777년			트렌트·머시 운하 개통.
1778년	보 업체 인수.		유명 조각가 존 플랙스먼에 의해 「댄싱 아워」의 디자인 고안.
1779년		사고로 실명한 코번트리 백작이 「블라인드 얼(Blind Earl)」 작품을 애용하기 시작.	
1780년			토머스 벤틀리 별세.
1780년경			
1782년			고온계 발명.
1783년		토머스 플라이트가 '월 앤 컴퍼니'를 인수.	고대 로마 시대 유물인 「포틀랜드 항아리」와의 만남.

스포드	민턴	로열 덜턴	
			1767년
			1768년
			1769년
스포드 업체 창립.			1770년
			1773년
			1774년
			1775년
존 터너 · 윌리엄 뱅크스를 인수, 트렌트 · 머시 운하에 투자.			1776년
스포드 2세의 장남인 윌리엄 스포드의 출생.			1777년
런던에 전시관 개장, 스포드 2세에게 전시관의 관리 위임.			1778년
			1779년
	카플리 업체에서 1785년까지 토머스 터너에게 동판 조각술을 사사.		1780년경
'윌로 패턴'의 제작.			
			1782년
			1783년

	로열 크라운 더비	로열 우스터	웨지우드
1784년	첼시 업체를 폐업하고 장인들을 크라운 더비 업체로 이동 배치.	토머스 플라이트의 장남 조지프 플라이트가 사업에 참여.	재스퍼웨어로 「포틀랜드 항아리」의 재현 시도.
1786년	듀스베리 2세의 사업 승계.	도예 화가 로버트 체임벌린이 우스터 업체에서 독립, 체임벌린 업체 설립.	
1787년	빌링슬리의 꽃 그림이 아름다운 「프린스 오브 웨일스 디저트 서비스」가 섭정 황태자(훗날 조지 4세)에게 헌상.		노예 해방 운동을 위한 「메달리온」 제작.
1788년		조지 3세와 샬럿 왕비가 우스터를 방문해 「블루 릴리」를 구입, 조지 3세의 조언으로 코번트리 스트리트 1번지에 전시관을 개장, 토머스 플라이트의 차남인 존 플라이트가 사업에 동참, 체임벌린 업체가 카플리 업체부터 백자를 전속 구입, 경영자 토머스 터너로부터 자금 지원을 받음.	
1789년		존 플라이트가 파리를 방문, 프랑스 도자기에 자극을 받아 세브르 양식을 추구, 우스터 업체가 조지 3세로부터 왕실 조달 허가 업체가 되고 '로열' 칭호 사용 허가, '로열 우스터' 업체로 회사명 변경.	
1790년			장남 존 웨지우드와 차남인 웨지우드 2세가 공동 경영자로 참여, 「포틀랜드 항아리」를 재스퍼웨어로 재현에 성공.
1791년		체임벌린 업체가 자체 백자 소성 시도.	시에라리온 업체의 주주로 등기.
1792년		마틴 바가 플라이트 일가와 공동 경영자로 참여, '플라이트 앤 바'로 회사명 변경.	
1793년		로열 우스터 업체의 금채(금장식) 여성 장인 샬럿 햄프턴이 개발한 수은을 사용한 '햄프턴 길딩' 기법 사용, 체임벌린 업체가 자체적으로 백자의 안정적인 공급 목표 달성, 금가루를 벌꿀과 혼합한 '허니 길딩'의 기법 사용.	

스포드	민턴	로열 덜턴	
동판 전사 인쇄술로 밑그림 기법을 개발, 윌리엄 코플랜드를 영입.			1784년
			1786년
			1787년
			1788년
	스포드, 웨지우드 등 다양한 도자기 업체로부터 수주한 동판 조각 부문의 사업 개시.		1789년
			1790년
	장남 토머스 웨브 민턴의 출생.		1791년
			1792년
	민턴 업체의 창립, 차남인 허버트 민턴 출생.	존 덜턴이 런던 남서부 풀럼 지역에서 출생.	1793년

	로열 크라운 더비	로열 우스터	웨지우드
1795년			조사이어 웨지우드 별세, '영국 도자기의 아버지'로 추앙.
1796년	윌리엄 페그가 도예 화가들의 총책임자로 승진.		웨지우드 2세의 제의로 스태퍼드셔주 도자기 업체의 '도토공동사용조합(Potters Clay Company)'을 설립.
1797년	듀스베리 2세 사망, 미니어처 세공 장인인 마이클 킨이 경영을 승계한 뒤 공장이 서서히 쇠퇴.		
1798년		로버트 체임벌린 별세, 아들 험프리와 로버트의 형제가 승계.	
1799년			
1800년			
1802년		넬슨 제독과 엠마 해밀턴 부인이 체임벌린 업체를 방문해 대량의 테이블웨어 주문.	
1804년		'바, 플라이트 앤 바'로 회사명 변경.	
1805년			
1806년		토머스 그레인저가 '그레인저 앤 우드'를 창립.	섭정 황태자(훗날 조지 4세 국왕)가 웨지우드를 시찰.
1807년		섭정 황태자(훗날 조지 4세 국왕)가 '바, 플라이트 앤 바'와 체임벌린 업체를 동시 방문, 양사에 왕실 조달 허가증 수여.	
1808년		'바, 플라이트 앤 바'에 윌리엄 빌링슬리가 도예 화가로 작업.	「다윈 워터릴리」의 발표.
1811년	판매원과 사무원을 역임한 로버트 블로어가 경영을 승계, 공장은 다시 활기를 되찾고 가동.	체임벌린 업체가 최고급 백자인 「리젠트 차이나」 발표	
1812년		'바, 플라이트 앤 바'의 윌리엄 빌링슬리 부자가 새로운 도토 개발.	파인 본차이나의 상품화.
1813년		'플라이트, 바 앤 바'로 회사명 변경, 체임벌린 업체가 런던 피카딜리에 전시관 개장.	

스포드	민턴	로열 덜턴	
			1795년
	폴슨, 퍼널 등의 동료와 동업 관계 체결.		1796년
			1797년
창업가인 조사이어 스포드 별세, 스포드 2세가 스토크온트렌트의 공장으로 복귀, 윌리엄 코플랜드를 공동 경영자로 영입.	콘월 지방에 공장 부지 매입, 본차이나의 제작 시작.		1798년
소의 뼛가루 태운 재(골회)를 사용한 본차이나 상품화.			1799년
'이마리양식' 도자기의 제작 시작.			1800년
스포드 업체의 3세 경영자인 윌리엄 스포드가 사고로 한쪽 팔이 절단.			1802년
			1804년
윌리엄 스포드가 코플랜드와 동업 관계 체결.		런던 풀럼 도자기 제작소에 수련생으로 입사.	1805년
섭정 황태자(훗날 조지 4세 국왕)가 스포드 업체를 시찰, 왕실 조달 허가증 수여.			1806년
			1807년
	존 터너의 평가를 받아 본차이나의 소재인 도토와 유약을 개선.		1808년
			1811년
윌리엄 스포드의 은퇴, 부친인 스포드 2세와 윌리엄 코플랜드가 1 대 3의 비율로 공동 사업 제휴.		램버스 지역의 마사 존스 부인의 도자기 공장에 취직.	1812년
			1813년

	로열 크라운 더비	로열 우스터	웨지우드
1814년			
1815년			「쿠타니 크레인」 작품 발표.
1816년		체임벌린 업체가 뉴본드 스트리트(New bond Street)에 규모를 확장시켜 전시관을 개장.	
1817년		그레인저가 새로운 출자자와 함께 '그레인저, 리 앤 컴퍼니'로 회사명 변경 및 공장 신설.	
1820년	로버트 블로어가 승계하여 '블로어 앤 더비'로 회사명 개칭.		
1823년			존 웨지우드 3세가 공동 경영자가 됨.
1824년			
1825년	'이마리' 양식의 대유행.		
1826년			
1827년			프랜시스 웨지우드가 공동 경영자로 참여, 훗날 단독 경영.
1828년			
1829년			
1830년			

스포드	민턴	로열 덜턴	
동판 전사의 신제품 「타워」 발표.			1814년
		존 덜턴과 존 왓츠가 공동 출자, '존스, 왓츠 앤 덜턴'을 창업.	1815년
동판 전사의 신제품 「블루 이탈리안」 발표.			1816년
	'토머스 민턴 앤 선스'으로 회사명 변경.		1817년
		마사 존스 부인 은퇴, '왓츠 앤 덜턴'으로 회사명 변경, 2세인 헨리 덜턴 출생.	1820년
			1823년
동판 전사 물감인 크로뮴옥사이드그린(Chromium Oxide Green) 개발, 윌리엄 테일러 코플랜드 공동 경영에 참여.			1824년
	장남인 토머스 웨브 민턴이 퇴사해 성직자로 출가, 차남인 허버트 민턴이 기업 승계.		1825년
초대 창업가인 윌리엄 코플랜드 별세, 2세인 윌리엄 테일러 코플랜드가 기업 승계.	도자기 피겨와 장식품 제작.	램버스 지역 하이 스트리트의 오래된 공장 인수, '덜턴 앤 왓츠'로 회사명 변경, 식염 유약 도기와 벽돌, 외벽 타일 등 건축 자재 제조 시작.	1826년
스포드 2세 별세, 스포드 일가의 3대인 윌리엄 스포드의 복귀 및 기업 승계.			1827년
	허버트 민턴이 고딕 양식인 '상감 타일'의 부흥에 심취, 이 무렵에 건축 디자이너 오거스터스 W.N. 퓨진을 만남.		1828년
윌리엄 스포드의 별세, 윌리엄 테일러 코플랜드가 주교구 의원으로 선출.		정수기 카트리지 개발 시작.	1829년
동판 전사용 핑크색 물감 개발.	새뮤얼 라이트가 상감 타일의 제조법 특허 등록, 허버트 민턴이 특허 사용료 10%를 지급하는 조건으로 사용권을 획득.		1830년

	로열 크라운 더비	로열 우스터	웨지우드
1833년			
1835년			
1836년			
1839년		토머스 그레인저의 별세, 아들 조지 그레인저가 승계해 '조지 그레인저 앤 컴퍼니'로 회사명 변경.	
1840년		체임벌린 업체가 '플라이트, 바 앤 바'를 인수, '우스터 로열 포슬린'으로 회사명 변경.	
1841년			
1842년			
1845년			대영박물관에 소장된 「포틀랜드 항아리」의 파손 사고 발생.
1846년	블로어의 별세, 삼촌인 제임스 토머슨이 승계.		
1847년			
1848년	경영이 악화되어 크라운 더비 업체의 공장 폐쇄, 기술 계승을 위해 윌리엄 로커를 중심으로 킹스트리트 공장 개소.		
1849년			
1850년		윌리엄 커가 참여하면서 '체임벌린, 릴리 앤 커'로 회사명 변경.	

스포드	민턴	로열 덜턴	
코플랜드 일가가 스포드 일가에서 모든 권리를 인수, 영업 담당자 토머스 개럿을 주주로 맞아 '코플랜드 앤 개럿'으로 회사명 변경 및 경영 재개.			1833년
「타워 핑크」의 제작.	타일의 카탈로그 제작.		1835년
윌리엄 테일러의 런던시장 선출.	토머스 민턴의 별세, 회사명을 '민턴 앤 보일'로 변경.	헨리 덜턴, '덜턴 앤 왓츠'에 수습생으로 입사.	1836년
			1839년
	빅토리아 여왕이 민턴 업체를 방문, 「엑소틱 버드」 작품 주문.		1840년
	런던 템플 교회의 내장재로 타일 제작, 보일의 은퇴.		1841년
	스토크 하츠힐 지역에 홀리 트리니티 교회를 기증.		1842년
	빅토리아 여왕의 사저 오즈본 하우스의 내장재 타일 제작, 조카인 마이클 데인트리 홀린스를 새 동업자로 영입, '민턴 앤 홀린스'로 회사명을 변경, 상감 타일 제작을 위한 부업 시작.		1845년
패리언 도자기의 제작 시작.	영국 의회의사당을 비롯하여 퓨진의 수많은 건축물에 민턴 업체의 상감 타일이 내장재로 사용.	수도관, 배수관, 하수관의 제작 부문을 '헨리 덜턴 앤 컴퍼니'로 분사, 프랑스 파리에 배관 공장 설립.	1846년
개럿의 은퇴, 회사명을 'W·T·코플랜드'로 변경.	패리언 도자기의 제작 시작.		1847년
	다색 전사 특허 취득, 일반 대중용 타일 생산 시작.		1848년
	조제프 프랑수아 레옹 아르노가 예술 총감독으로 취임, 「마졸리카」 도자기 작품 개발에 성공.		1849년
			1850년

245

부록 2 _ 영국 도자기 업체 연표

	로열 크라운 더비	로열 우스터	웨지우드
1851년		런던 만국박람회 출품 및 평가 실적 저조, 체임벌린 일가 경영 일선에서 후퇴.	런던 만국박람회에 신고전주의 양식의 작품 중심으로 출품.
1852년		리처드 윌리엄 빈스의 예술 총감독 부임, '커 앤 빈스'로 회사명 변경, '우스터의 각성'의 시작.	
1853년		더블린 만국박람회에서 패리언 도자기의 호평.	
1855년			
1856년			
1858년			에밀 레소르기 장식 담당.
1859년			조사이어 웨지우드의 손자 찰스 다윈이 『종의 기원』 발표.
1860년			
1861년		빅토리아 여왕으로부터 디너용 도자기 세트 수주, 토머스 보트가 골동품인 리모주 도자기 연구에 대해 허가를 받음.	
1862년		'로열 우스터'로 회사명 변경, 「블러시 아이보리」의 작품 발표, 그레인저가 런던 만국박람회에 '투각' 스타일 테이블웨어 출품.	
1863년			조사이어 웨지우드의 동상이 스토크온트렌트 역전에 건립.
1864년			
1866년			
1867년		파리 만국박람회를 계기로 자포니즘 작품에 주력.	
1868년			

스포드	민턴	로열 덜턴	
런던 만국박람회 출품, 프랑스 세브르에서 도예 화가 샤를 위르탕 영입.	런던 만국박람회에서 허버트 민턴이 빅토리아 여왕의 의전 수행, 여왕이 세브르 양식의 디저트 서비스 구입.	런던 만국박람회에 정원용 테라코타 작품 등 산업 부문에 출품.	1851년
			1852년
		왓츠 은퇴, '덜턴 앤 컴퍼니'로 회사명 변경, 헨리 루이스 덜턴 출생.	1853년
	「스트로베리 엠보스」를 파리 만국박람회 출품, 발모럴성에 납품.		1855년
	빅토리아 여왕이 왕실 조달 허가증을 수여, 허버트 민턴의 은퇴.	램버스 스쿨 오브 아트에 존 스팍스가 초대 교장으로 부임.	1856년
	허버트 민턴의 별세, 조카인 콜린 민턴 캠벨이 기업 승계.		1858년
			1859년
	디자이너 크리스토퍼 드레서와 제휴.	램버스 스쿨 오브 아트 교사 신축을 기념한 저그 제작.	1860년
			1861년
		헨리 덜턴, 램버스 하원의원 6년간 역임.	1862년
섭정 황태자(훗날 에드워드 7세) 결혼 기념용 「디저트 및 커피 서비스」를 제작.	제임스 루이 휴즈가 '액시드 골드' 기법으로 특허 취득, '레이즈드 페이스트 골드'의 금장 기법 개발.	헨리 덜턴, 램버스 스쿨 오브 아트의 경영위원회 위원으로 위촉.	1863년
		덜턴 신공장의 정면 모습을 램버스 스쿨 오브 아트가 디자인함.	1864년
섭정 황태자로부터 왕실 조달 허가증을 받음.		조지 틴워스를 덜턴 업체에 영입.	1866년
윌리엄 테일러 코플랜드의 아들들이 사업에 동참, 'W.T.코플랜드 앤 선스'로 회사명 변경.		파리 만국박람회에 산업용 도자기 제품과 틴워스의 예술 작품 출품, 램버스 공장에 아트 스튜디오 개설.	1867년
윌리엄 테일러 코플랜드의 별세, 자포니즘 작품의 제작.		찰스 디킨스가 아트 스튜디오 견학.	1868년

	로열 크라운 더비	로열 우스터	웨지우드
1870년			
1871년			
1872년		일본 이와쿠라 사절단이 로열 우스터 업체에 방문.	
1873년		빈 만국박람회에서 자포니즘 작품의 극찬 평가.	
1874년			「플로렌틴」 작품 발표.
1875년	새 경영진이 도자기 공장 사업 시작.	조형사 제임스 해들리가 도자기 업체 창립.	
1876년	신공장을 위한 광대한 부지를 오스매스턴 로드에 매입.		
1877년	크라운 더비의 권리 취득, 오스매스턴 로드에 새로운 공장 개업.		
1878년			「포틀랜드 항아리」를 웨지우드 업체의 로고로 사용.
1880년대		조지 그레인저 앤 컴퍼니의 조지 오언이 「투각」 작품을 완성.	수석 디자이너 토머스 앨런이 「콜롬비아」 작품 발표.
1881년			
1882년			
1883년	글래드스톤 총리 정치 활동사 50주년 기념물로 「글래드스톤 서비스」 제작.		
1884년			
1885년			
1887년			
1889년		로열 우스터 업체가 그레인저 앤 컴퍼니를 인수, '로열 차이나 웍스'로 회사명 변경.	

스포드	민턴	로열 덜턴	
	마르크 루이 에마뉘엘 솔롱이 '파트 쉬르 파트'의 기술 이전.		1870년
	민턴 아트 포터리 스튜디오를 개설, 윌리엄 스티븐 콜먼이 초대 예술 총감독으로 부임.	해너, 플로렌스 바로의 남매 입사, 사우스켄싱턴 만국박람회에 출품.	1871년
		스토크온트렌트 버즐럼으로 공장 이전.	1872년
		존 덜턴 별세, 빈 만국박람회에 출품.	1873년
			1874년
			1875년
	콜린 민턴 캠벨이 벽돌, 타일 제조 회사의 경영 시작.	필라델피아 만국박람회에 출품, 덜턴 업체의 작품이 민턴 업체 등의 도자기와 함께 일왕에게 헌상.	1876년
			1877년
			1878년
	콜린 민턴 캠벨이 3년간 스토크 시장 역임.		1880년대
		헨리 루이스 덜턴의 경영 참여.	1881년
		도예 부문 229명의 여성 직원이 헨리 루이스 덜턴에게 감사패 전달.	1882년
			1883년
		본차이나 도입, 알렉산드라 왕세자비의 자선 활동에 협력.	1884년
	콜린 민턴 캠벨의 별세.	헨리 덜턴이 왕립예술원으로부터 앨버트 메달 수상.	1885년
	캠벨 광장에 캠벨 동상 설치.	헨리 덜턴이 빅토리아 여왕으로부터 도자기 업계에서는 최초로 기사 작위를 받음.	1887년
		파리 만국박람회 출품, 조형사 찰스 노크가 로열 우스터 업체에서 덜턴 업체로 이직.	1889년

	로열 크라운 더비	로열 우스터	웨지우드
1890년	빅토리아 여왕이 왕실 조달 허가증을 수여, '로열 크라운 더비'로 회사명 변경, 프랑스 디자이너 데지레 르로이 영입.		
1890년경	'에그 셸'이라는 매우 얇은 소재의 기술 개발		
1894년	동판 전사 작품 「미카도」 발표		
1895년			'조사이어 웨지우드 앤 선스'로 업체의 법인화.
1896년		해들리 업체가 회사명을 '제임스 해들리 앤 선스'로 변경.	
1897년		리처드 윌리엄 빈스의 은퇴.	
1899년			
1901년			
1902년		그레인저 앤 컴퍼니가 로열 우스터 업체에 통합.	
1904년		로크의 도자기 업체 인수.	
1905년		해들리의 도자기 업체 인수.	
1910년대		스틴턴 일가의 수채화에 기초한 도자기 그림이 호평을 받음.	
1911년	초호화 유람선 타이태닉호 일등객실용 레스토랑의 전용 테이블웨어 제작.		
1912년			가루 모양의 무늬가 아름다운 「올랜더」 작품 발표.
1913년			
1915년		존 워즈워스가 예술 총감독으로 부임.	22K 금을 아낌없이 채색에 사용한 「블랙 애스트베리(Black Astbury)」 발표.

스포드	민턴	로열 덜턴	
			1890년
		실내장식용 타일 제작 시작.	1890년경
			1894년
	레옹 솔롱의 영입.		1895년
			1896년
		헨리 덜턴의 별세.	1897년
		헨리 루이스 덜턴이 회사의 경영 개혁주도, 주식회사 등기, 회장 취임.	1899년
	존 워즈워스 입사, 비엔나분리파의 작풍을 전달.	에드워드 7세로부터 왕실 조달 허가증을 받아 '로열 덜턴'으로 회사명 변경.	1901년
		해러즈 백화점 푸드 홀의 내벽과 천장을 타일로 장식.	1902년
		사보이 호텔 증개축 시 로열 덜턴 업체에 욕조를 특별 주문, 테이블웨어도 사용하기 시작, 찰스 노크가 「레드 로열 덜턴」 작품 발표.	1904년
	존 워즈워스가 10년간 예술 총책임자 역임.	레슬리 해러딘(Leslie Harradine)이 여성 참정권을 호소하는 피겨 발표, 「코칭 데이즈(Coaching Days)」 작품 발표.	1905년
			1910년대
			1911년
			1912년
		조지 5세와 메리 왕비가 버즐럼 공장 방문, 첫 번째 본차이나 피겨 HN1 「달링」 작품 발표.	1913년
			1915년

	로열 크라운 더비	로열 우스터	웨지우드
1920년대		옥타르 콥슨이 디자인한 「페인티드 프루트」 작품이 대유행.	
1921년			
1924년			
1928년		해리 데이비스가 화가 총책임자로서 후진 양성 강화	
1930년대			
1930년			웨지우느 5세가 이시로 취임.
1934년			
1935년	킹스트리트 공장 인수 및 합병, 전체 사업을 오스매스턴 로드의 공장으로 이전.		
1940년			바를라스턴으로 공장 이전.
1949년			
1950년			에트루리아 공장 폐쇄.
1951년		엘리자베스 2세 여왕이 공장 방문.	
1953년	엘리자베스 2세 여왕의 대관식 기증품 제작.		
1956년			
1957년	「로열 핑크 스톤 로즈」 세트 작품 엘리자베스 2세 여왕에게 헌상.		
1959년	「로열 앙투아네트」 작품 발표.		
1961년		「이브샴 골드」 작품 발표.	
1964년	얼라이드 잉글리시 포터리스(Allied English Potteries)가 인수.		
1965년	엘리자베스 2세 여왕의 어머니 퀸 마더((Queen Mother)가 '이마리' 양식의 디너 서비스 주문.		「와일드 스트로베리」 작품 발표.
1966년			여성 도예가 수지 쿠퍼를 영입.
1968년			

스포드	민턴	로열 덜턴	
			1920년대
		HN1315 「벌룬 레이디(balloon lady)」 작품 발표, 패멀라 트래버스의 「메리 포핀스 컴스 백(Mary Poppins Comes Back)」(1935년)의 모델이 됨.	1921년
「버터컵」 작품 발표.			1924년
			1928년
「빌링슬리 로즈」, 「차이니스 로즈」 작품 발표, 「첼시 더비 시리즈」 피겨 작품 발표.			1930년대
			1930년
		「버니킨스(Bunnykins)」 시리즈 작품 발표.	1934년
「크리스마스트리」 작품 발표.	존 워즈워스를 예술 총책임자로 다시 유치.	찰스 노크의 「토비 맥주잔」 시리즈 발표.	1935년
'수출하지 않으면 파산한다'는 슬로건 아래 수출에 주력.			1940년
	「해던 홀」 작품 발표.		1949년
			1950년
			1951년
			1953년
		램버스 공장 폐쇄.	1956년
			1957년
			1959년
			1961년
			1964년
			1965년
코플랜드 일가가 스포드 업체를 매각, 카보런덤 그룹이 인수.			1966년
	로열 덜턴 업체에 편입.	민턴 업체를 합병	1968년

	로열 크라운 더비	로열 우스터	웨지우드
1969년			방문객센터와 박물관 개장.
1970년			
1971년			
1973년	앤 공주의 결혼식에 「그린 더비 패널」을 헌상.		
1974년			
1978년	엘리자베스 2세 여왕으로부터 왕실 조달 허가증을 받음.		
1981년	찰스 왕세자와 다이애나 왕세자비의 결혼 기념품인 「페이퍼 웨이트 컬렉션」작품 탄생.		
1986년			워터포드 크리스털과 합병, '워터포드 웨지우드(waterford wedgwood)'로 회사명 변경.
1987년			
1993년	휴 깁슨(Hugh Gibson)이 업체 매수, 다시 독립해 '로열 크라운 더비'로 회사명 변경.		
1995년			조사이어 웨지우드의 사후 200주년 기념품 「프로그 서비스」 복원판 판매.
1997년			문자 'W'에 「포틀랜드 항아리」의 모습을 넣어 디자인한 백스탬프 등장.
1998년	공장 부지에 방문객센터 개장.		
2000년		스포드 업체를 인수.	
2001년		엘리자베스 2세 여왕과 부군인 필립 에든버러 공작이 250주년 기념행사 차원에서 로열 우스터 업체를 방문.	
2005년			

스포드	민턴	로열 덜턴	
			1969년
스포드 업체 창립 200주년을 기념한 대규모 전시회를 왕립협회에서 개최. 회사명을 'W·T·코플랜드 앤 선스'에서 '스포드'로 복귀.			1970년
		얼라이드 잉글리시 포터리스가 인수.	1971년
			1973년
		'더 로열 덜턴 밴드' 활동 시작.	1974년
			1978년
			1981년
			1986년
스포드 기록보관소 설립.			1987년
	창립 200주년을 기념한 「해던 홀 블루」 작품 발표.		1993년
			1995년
		헨리 덜턴 사후 100주년 기념으로 「센테니얼 로즈(Centennial Rose)」 작품 발표.	1997년
			1998년
로열 우스터 업체가 스포드 업체를 인수, '로열 우스터 앤 스포드'로 회사명 변경.			2000년
			2001년
	로열 덜턴 업체가 워터포드 웨지우드 업체와 합병.	버즐럼 공장 폐쇄.	2005년

	로열 크라운 더비	로열 우스터	웨지우드
2008년		경영 상황이 악화되어 생산 거점을 아시아로 옮긴 뒤 도산.	웨지우드 미술관의 개장.
2009년		포트메리온 그룹에 인수.	경영 파탄, KPS 캐피털파트너스(KPS Capital Partners)가 모회사로서 재건에 도전.
2011년	타이태닉호 전시회 개최, 「타이태닉 모노그램」 작품 복원.		
2012년	스틸라이트 인터내셔널(Steelite International)이 인수.		
2015년			핀란드 기업 피스카르스(Fiskars) 그룹이 인수, 자회사인 'WWRD 그룹 홀딩스'에 편입.

스포드	민턴	로열 덜턴	
생산 거점을 아시아로 옮긴 뒤 도산.			2008년
영국 기업인 포트메리온 그룹이 인수.			2009년
			2011년
			2012년
	이 합병 기업이 WWRD 그룹 홀딩스에 편입, 민턴 브랜드 사업 폐지, 민턴 기록보관소, '더 포터리스 뮤지엄 앤 아트 갤러리'에 기록 보관.	핀란드 기업 피스카르스 그룹이 인수, 자회사 'WWRD 그룹 홀딩스'에 편입.	2015년

도자기 기본 용어 해설

가키에몬(柿右衛門) 양식 일본 아리타(有田) 지역에서 생산된 유백색 도자기에 빨강, 파랑, 녹색, 노랑, 보라색(갈색, 검정)의 물감으로 회화적이고도 섬세한 그림을 그린 도자기 양식. 유럽에서 한때 많이 유행하였다.

경질 자기(hard paste porcelain) 고령토, 장석, 석영을 함유한 도토(陶土)로 빚어 1350도 이상의 고온에서 소성한 자기. 내구성이 강하여 매우 견고하고 새하얗고 투광성이 있으며, 흡수성은 없다. '진정자기(眞正磁器)'라고노 한다.

고령토 순백의 투광성이 있는 도자기를 만드는 데 필수적인 도토(陶土). 알루미나(alumina)와 규산염으로 이루어진 고령석(kaolinite)을 주성분으로 하는 점토이다. 중국 강서성(江西省) 경덕진(景德鎭) 근교의 고령(高嶺)[gāolǐn] 지역에서 산출된 데서 '카올린(kaolin)'으로 불리게 되었다.

긴란데(金襴手, 금란수) 양식 청화자기에 금, 빨강, 녹색의 그림을 조합한 호화찬란한 일본 도자기 양식의 총칭. 옛 이마리 양식으로는 '소메니시키데(染錦手, 염금수)'와 녹색이 들어간 '긴란데(금란수)'가 있다.

도기(earthenware) 고령토를 포함하지 않는 도토로 빚어 약 800도~1000도의 온도에서 소성한다. 비교적 부드럽고 투광성은 없다. 다양한 색상으로 비교적 쉽게 소성할 수 있다. 따라서 고대 시대부터 전 세계적으로 많이 만들어졌다.

동석(凍石, soapstone) 영국에서는 콘월 지방에서 많이 채굴되는 암석. '활석(talc)', '스테아타이트(steatite)'라고도 한다.

동판 전사(transfer print) 그림을 새긴 동판에 물감을 바른 뒤 얇은 종이에 찍어 그림을 옮기고, 아직 유약을 바르지 않은 애벌구이 도자기에 그 종이를 얹어 가마에서 소성하여 그림을 새기는 기법이다.

러스터웨어(lusterware) 유약을 칠하여 소성한 도자기의 표면에 금, 구리, 알루미늄 등의 금속 가루를 칠하여 매우 얇은 피막을 형성시켜 무지개 색상을 내는 기법이다.

레이즈드 페이스트 골드(raised paste gold) 금가루를 아교나 송진으로 이긴 것을 여러 차례에 덧칠하여 볼록한 문양을 만드는 기법. 에나멜을 덧칠하여 볼록하게 만든 뒤 금가루를 칠하는 방법도 있다.

마졸리카(majolica) 도자기 스페인에서 만들어져 선박으로 이탈리아의 마욜리카(maiolica)에 반입된 데서 유래된 도자기. 백색의 불투명한 주석 유약에 여러 색상의 그림을 그린 도자기이다.

무연 장석 유약 친환경과 인체 안전성을 고려하여 납 성분의 유약을 사용하지 않고 장석을 사용하여 유리질을 마무리하는 유약이다.

밑그림칠(under-glaze) 유약을 바르지 않고 애벌구이한 도자기에 물감으로 그림을 그리는 것. 그 뒤 유약을 칠하고 1300도 이상의 고온에서 소성하기 때문에 사용할 수 있는 색상 물감이 제한된다.

반경질 자기(hybrid hard paste porcelain) 영국에서는 잘 채굴되지 않는 고령토를 소량으로 포함한 자기이다. 영국에서는 콘월 산지의 고령토가 사용된다.

본차이나(bone china) 고령토가 나지 않는 영국에서 개발된 자기. 소뼈를 태우고 남은 골회를 첨가한 도토로 만든 자기. 고령토로 만드는 경질 자기보다 더 강하고 따뜻한 백색의 바탕에 투광성도 있다. 골회가 50% 이상 포함된 것을 '파인 본차이나(fine bone china)'라고 한다.

블랙 버솔트(black basalt) '검은 현무암'이라는 뜻을 지닌 석기. 광택이 나지 않도록 유약을 바르지 않은 흑색의 석기를 개량한 것이다.

블러시 아이보리(blush ivory) 패리언 도자기에 매끄러운 유약을 칠하고 붉은 기운이 감도는 상아색으로 발색하도록 소성한 것이다.

상감 타일 무늬를 새긴 틀에 점토를 넣고 누른 뒤 떼어내 자국이 있는 곳에 색이 다른 액상 점토를 넣어 소성한 타일. 수축률이 다르면 균열이 생기거나 접착되지 않아 빠지기 쉬워 매우 고난도의 기술이 필요하다.

상회칠(overglaze) 유약을 바른 뒤 고온에서 구운 도자기의 밑바닥에 그림을 그려 다시 약 800도에 굽는다. 비교적 저온에서 굽기 때문에 다채로운 색상이 선명하게 나온다.

석기(炻器, stoneware) 고령토를 포함하지 않는 도토로 빚어 1250도 이상의 고온에서 소성해서 만든 것. 흡수성이 없고 도기에 비해 치밀하고 딱딱하지만 자기와 같은 투광성은 없다.

스테아타이트 자기(steatite porcelain) 자기의 내열성과 강도를 높이기 위해 추가된 동석(凍石, steatite)을 배합한 자기. 이때 동석은 사문암, 편암, 운모, 활석 등으로 이룩된 변성암의 일종이다. 고령토를 포함하지 않기 때문에 '연질 자기'로 분류된다.

식염 유약 도기 소성 가마의 온도가 최고일 때 식염(소금)을 넣으면 그것이 증발한 증기가 재와 함께 뒤섞여 도자기 표면을 코팅하면서 아름다운 광택으로 빛나는 도기. 16세기 말경 독일에서 이와 같은 방법으로 제조된 도기로는 '라인(Rhein)' 석기가 유명하다.

실크 스크린(silk screen) 미세한 구멍이 뚫린 천에 무늬 이외의 부분은 물감이 스며들지 않도록 하여 도자기에 인쇄하는 방법.

액시드 골드(acid gold) 자기 표면에 산성액을 칠하여 부식시킨 뒤 금가루를 칠하여 문양을 드러내는 기법이다.

에그 셸(egg shell) 달걀 껍데기처럼 매우 얇아서 빛에 비추면 반대편 그림까지 비쳐 보이도록 빚은 자기.

연질 자기(soft paste porcelain) 석회와 유리의 성분인 프리트(frit) 분말을 사용하여 빚은 뒤 약 1200도의 비교적 낮은 온도에서 소성한 자기. 흡수성이 없고 도기보다 치밀하고 단단하며 투광성이 있다. 고령토를 포함하지 않아 경질 자기보다는 약하다.

유약 구이 유약을 칠하지 않고 고온에서 소성한 본차이나에 유약을 칠한 뒤 1000도~1500도에서 소성하여 표면이 반투명한 유리질로 만드는 기법이다.

유약(釉藥, glaze) 도자기 표면에 바르는 유리질의 피막. 유약은 전통적으로 재료에 납, 주석, 식염(소금) 등의 물질들을 사용하였지만, 오늘날에는 그 밖에도 다양한 물질들이 사용된다.

인글레이즈(in glaze) 유약을 칠하여 소성한 도자기에 문양을 선명하게 남기는 기법. 연화성이 있는 유약에 물감이 스며들게 하여 문양을 나타낸다. 문양이 유약 속에 있기 때문에 장시간 사용하여도 문양이 사라지는 일이 없다. '싱크 인(sink in)'이라고도 한다.

자기(porcelain) 희고 투광성이 있으며, 소재에 따라 '경질 자기', '연질 자기', '본차이나', '스테아타이트 자기' 등이 있다. 중국에서 유래한 제조 방식으로 제작되는 경질 자기를 통틀어 '차이나(china)'라고 한다.

장석 자기(feldspar porcelain) 장석은 고령토가 채굴되지 않는 영국에서 자기의 도토로 많이 사용된다. 장석 15%, 골회 45%의 혼합비로 빚은 자기를 말한다. 본차이나보다 더 하얀 백색을 띤다.

재스퍼웨어(jasper ware) 조사이어 웨지우드가 개발한 소재의 도기. 다양한 색상으로 제작되지만, 흰색 부조를 카메오 기법으로 소성하는 경우가 많다.

주석 유약 산화주석의 특성에 따라 백색의 불투명한 색을 만들 수 있는 유약. 마졸리카(majolica) 도자기에 주로 사용된다. 프랑스에서는 주석 유약을 칠한 도기를 '파양스(faience)'라고 한다.

청화백자(青華白瓷) 흰색 소지에 코발트를 포함한 푸른색 염료로 그림을 그리고 유약을 칠하여 소성한 자기.

체이싱(chasing) 금채(금장 채색)한 표면을 바늘로 깎아 문양을 그리는 기술이다.

크림웨어(cream ware) 영국에서 납을 주성분으로 하는 유약인 '연유(lead glaze)'를 사용하여 크림색으로 마무리한 도기. 이산화규소 광물인 실리카(silica)를 넣어 일반적인 자기보다도 더 단단하고 색상도 백색으로 매우 아름답다.

투각(open work) 도토가 완전히 마르기 전에 조각칼 등으로 작은 구멍을 내고 도려내 모양을 입체적으로 만드는 기법. 섬세하고 높은 기술과 강한 인내력이 필요하여 품이 아주 많이 들어가는 고급 기술이다.

파트 쉬르 파트(Pâte-sur-pâte) 백색 도토를 이긴 반죽을 여러 차례에 걸쳐 발라 돋을새김하는 장식 기법. 비단옷이나 천사의 날개, 구름 등 투명감이 있는 문양을 표현하는 기술이다.

패리언 도자기(parian china) 장석의 함유비가 약 70%인 도토로 빚은 뒤 유약을 바르지 않고 표면에 미세한 점토를 발라 가마에서 소성하여 대리석처럼 반짝반짝 빛나는 질감을 낸 투광성의 자기이다.

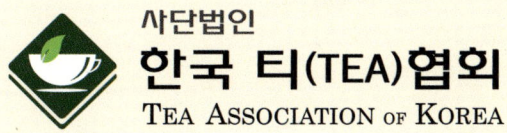

사단법인 **한국티(TEA)협회 인증**

글로벌 시대에 맞는 티 전문가의 양성을 책임지는

한국티소믈리에연구원

사단법인 한국티(TEA)협회 인증

티소믈리에 & 티블렌딩 전문가 교육 과정 소개

사단법인 한국티협회와 한국티소믈리에연구원 공동으로 주관

티소믈리에 1급, 2급 자격증 과정
- 티소믈리에 2급
- 티소믈리에 1급

티소믈리에 골드(강사 양성) 과정
- 강사 양성 과정, 티 비즈니스의 이해 과정

티블렌딩 전문가 1급, 2급 자격증 과정
- 티블렌딩 전문가 2급
- 티블렌딩 전문가 1급

티블렌딩 골드(강사 양성) 과정
- 강사 양성 과정, 티블렌딩 응용 개발 과정.

■ **티소믈리에** 고객의 기호를 파악하고 티를 추천하여 주거나 고객이 요청한 티에 대한 특성과 배경을 바로 알아 고객에게 추천하는 전문가.

■ **티블렌딩 전문가** 티의 맛과 향의 특성을 바로 알아 새로운 블렌딩티(Blending tea)를 만들 수 있는 지식과 경험을 갖춘 전문가.

한국 티소믈리에 연구원 출간 도서

티 세계의 입문을 위한 국내 최초의 '티 개론서'

티의 역사·테루아·
재배종·티테이스팅 등

전 세계 티의 기원, 산지, 생산, 향미, 테이스팅을
과학적으로 체계화한 개론서이다!

CHAI 인도 홍차의 모든 것

영국식 홍차의 시작, 인도 홍차의 숨은 이야기!

홍차 생산 세계 1위인 인도 정부의
주한 인도 대사가 공식 추천한
인도 홍차의 기념비적인 책!
인도 홍차의 모든 내용을 화려한 사진들과 함께 소개한다!

티소믈리에가 만드는 티칵테일

티·허브·스피릿츠, 그 절묘한 믹솔로지!

역사상 가장 오래된 두 음료, 티와 칵테일을
셰이킹해 티칵테일을 만드는 실전 가이드!
다양한 향미의 티와 허브, 생과일,
칵테일의 환상적인 셰이킹을 소개한다.

세계 티의 이해
Introduction to tea of world

세상의 모든 티, 티의 역사와 문화,
티를 즐기는 세계인, 티 여행 명소,
다양한 티 레시피,
그리고 그 밖의 모든 티들을 소개한다.

티 아틀라스
WORLD ATLAS OF TEA

티 세계의 로드맵! '커피 아틀라스'에 이은
〈월드 아틀라스〉 시리즈 제2권!

전 세계 5대륙, 30개국에 달하는 티 생산국들의 테루아,
역사, 문화 그리고 세계적인 티 브랜드들을 소개한다.

'중국차 바이블에 이은'
기초부터 배우는 중국차

사단법인 한국티협회 '중국차 과정' 지정 교재

중국차 구입에서부터 중국 7대 차종과 대용차,
차구의 선택과 관리, 차의 역사, 차인·차사·차속, 차와 건강
등에 관한 315가지의 내용을 소개한 중국차 전문 해설서!

기초부터 배우는
101가지의 힐링 허브티

사단법인 한국티협회 '티블렌딩 과정' 지정 부교재

현대인들의 몸과 마음의 건강을 위한
힐링 허브티 블렌딩의 목적별, 상황별 101가지
레시피를 소개한다.

티소믈리에를 위한
차(茶)의 과학

차의 색, 향, 맛에 대한 비밀을 과학으로 풀어본다

일본 저명 식품과학자이자, 차전문가인
오쓰마여자대학의 오모리 마사시 명예교수가
50여 년간 과학적으로 분석한 차의 모든 것!

THE BIG BOOK OF KOMBUCHA
콤부차

북미, 유럽을 강타한 콤부차인 DIY 안내서!

이 책은 왜 콤부차인가에서부터 콤부차의 발효법,
다양한 가향·가미법, 콤부차의 요리법, 콤부차의 역사를
상세히 소개한다.

HERBS & SPICES
THE COOK'S REFERENCE

계 허브 & 스파이스 대사전!

이 책은 총 283종의 허브 및 스파이스의
화려한 사진과 함께 향미, 사용법, 재배 방법 등을
완벽히 소개한 결정판!

기초부터 배우는 홍차

사단법인 한국티협회
'홍차 마스터' 과정 지정 교재

누구나 홍차 전문가가 될 수 있도록
홍차 40년 경력의 베스트셀러 저자가
'홍차의 기초부터 모든 것'을 들려주는 총정리서!

영국 찻잔의 역사·
홍차로 풀어보는 영국사

티소믈리에를 위한
영국식 홍차 문화 이야기 시리즈 제1권

서양 티의 시작에서부터 영국 도자기 산업의 탄생, 애프터눈 티의 문화, 찻잔과 홍차의 미래상을 소개한다.

영국식 홍차의 르네상스
홍차 속의 인문학

영국식 홍차 문화 이야기 시리즈의 제2권!

세계사에 일대 변화를 몰고온 영국식 홍차와 함께 발전한 역사, 문화, 사회, 명화, 영화, 동화 등의 모든 장르를 되짚어 보는 '홍차 속의 인문학 여행기'!

세기의 명작품들과 함께하는 영국 홍차의 역사

티소믈리에를 위한
영국식 홍차 문화 이야기 시리즈의 제3권!

이 책은 왜 콤부차인가에서부터 콤부차의 발효법, 다양한 가향·가미법, 콤부차의 요리법, 콤부차의 역사를 상세히 소개한다.

대만차(臺灣茶)의 이해

사단법인 한국티협회
'우롱차 교육 과정' 지정 교재

녹차와 홍차의 양쪽 효능을 모두 가져 건강차로서 새로운 아이콘으로 급부상하는 부분산화차인 '우롱차(烏龍茶)의 입문서!

한국 티소믈리에 연구원

출간 교재

대한민국 No.1
티 교육 및
전문 연구기관

사단법인
한국티협회
인증

티소믈리에 1급, 2급 자격 과정 교재

티소믈리에 이해 1 _ 입문

티소믈리에 2급 자격 과정 교재

티의 정의에서부터 티 테이스팅의 이해,
티의 역사, 식물학, 티의 다양한 분류,
허브티, 블렌디드 허브티 등의
교육을 위한 개론서.

티소믈리에 이해 2 _ 심화_산지별 I

티소믈리에 2급 자격 과정 교재

홍차의 이해에서부터 인도 홍차,
스리랑카 홍차, 다국적 홍차, 중국 홍차,
중국 흑차(보이차) 등의
교육을 위한 심화 교재.

티소믈리에 이해 3 _ 심화_산지별 II

티소믈리에 1급 자격 과정 교재

녹차의 이해에서부터 중국 녹차,
일본 녹차, 우리나라 녹차, 중국 청차(우롱차),
타이완 청차(우롱차), 백차, 황차 등의
교육을 위한 심화 교재.

티소믈리에 이해 4 _ 심화_올팩토리

티소믈리에 1급 자격 과정 교재

커핑(테이스팅)의 방법에서부터
식품 관능 검사, 맛의 생리학,
감각의 표현 기술, 올팩토리 등의
교육을 위한 심화 교재.

티블렌딩 전문가 1급, 2급 자격 과정 교재

티블렌딩 이해 1 _ 입문_블렌딩

티블렌더 2급 자격 과정 교재

티블렌딩의 정의에서부터 홍차 블렌딩의
기본 기술, 다국적 블렌딩 홍차,
가향·가미된 홍차, 허브티 블렌딩 등의
교육을 위한 개론서.

티블렌딩 이해 2 _ 심화_블렌딩

티블렌더 1급 자격 과정 교재

백차, 녹차의 블렌딩 기술에서부터
가향·가미된 녹차, 가향·가미된 홍차,
청차(우롱차), 흑차(보이차), 허브티 블렌딩,
한방차 블렌딩 등의 교육을 위한 심화 교재.

유튜브 크리에이터 **'홍차언니'**가
'티(Tea)'에 대해 알기 쉽고 명쾌하게 풀어주는
전문 유튜브 채널!

대한민국 No1. 티 전문 채널!
YouTube 한국티소믈리에연구원 TV
youtube.com/c/한국티소믈리에연구원tv

온라인 한국티소믈리에연구원
온라인 **티 전문 교육** 사이트!
teaonline.kr

온라인 '티소믈리에·티블렌딩 전문가' 자격증
교육 사이트 teaonline.kr!

국내 최초 티(Tea) 전문 교육 연구 기관인
한국티소믈리에연구원(원장 정승호)에서 시간과 장소의 제약 없이
티 전문 자격증 교육을 받을 수 있는
'온라인 한국티소믈리에연구원(teaonline.kr)'.

- 티블렌딩 전문가 자격증 과정
- 티소믈리에 자격증 과정
- 원데이 클래스 등

온라인 한국티소믈리에연구원 교육의 장점!

- 사단법인 한국티협회, 한국티소믈리에연구원이 공동 주관해 한국직업능력개발원에 정식 등록된 국내 최다 배출 티 전문 민간자격증으로 각종 취업, 창업 등에 활용 가능!
- 시간과 장소에 구애를 받지 않고 '국내외'에서 '편리한 시간대'에 PC와 모바일 등 다양한 기기로 교육 이수 가능!
- 온라인 과정 수료 후 별도의 자격시험을 거쳐 '티소믈리에 2급, 1급', '티블렌딩 전문가 2급, 1급'의 자격증 취득 가능!

※ 한편, 온라인 티소믈리에, 티블렌딩 전문가 자격증 과정에 대한 자세한 정보는 홈페이지(teaonline.kr 또는 teasommelier.kr)를 통해 확인할 수 있다.

홍차로 시작된
영국 왕실 도자기 이야기
2021년 9월 1일 초판 1쇄 발행

저　　자	Cha Tea 紅茶敎室
감　　수	정승호
펴 낸 곳	한국 티소믈리에 연구원
출판신고	2012년 8월 8일 제2012-000270호
주　　소	서울시 성동구 아차산로 17 서울숲 L타워 804호
전　　화	02)3446-7676
팩　　스	02)3446-7686
이 메 일	info@teasommelier.kr
웹사이트	www.teasommelier.kr

펴 낸 이 정승호
출판팀장 구성엽
디 자 인 파피루스

한국어 출판권 ⓒ 한국 티소믈리에 연구원(저작권자와 맺은 특약에 따라 검인을 생략합니다)

ISBN 979-11-85926-65-0

값 25,000원

이 책은 저작권법에 따라 보호를 받는 저작물이므로 무단 전재와 복제를 금지하며, 이 책 내용의
전부 또는 일부를 이용하려면 반드시 저작권자와 한국 티소믈리에 연구원의 서면 동의를 받아야 합니다.